DER SCHMIDT MAX
MACHT EIN BUCH

Der SCHMIDT MAX macht ein Buch

MIT TEXTEN VON
ELMAR TANNERT UND
BILDERN VON
ANDRÉ GOERSCHEL

ARS VIVENDI

Der Schmidt Max wurde 1968 in München geboren.
Er ist Schauspieler und Fernsehmoderator.
Seit 2003 moderiert er das BR-Magazin freizeit.
Er lebt in München und am Chiemsee.

DER SCHMIDT MAX

D er Schmidt Max macht jetzt also ein Buch. Aha. Weil? Die Antwort ist relativ einfach: weil's Zeit wird. Vor dreißig Jahren haben sich Herbert Stiglmaier und Frank Meißner auf den Weg gemacht, eine ganz besondere Sendung für das Bayerische Fernsehen zu entwickeln. Die *freizeit*. Ein Format, das es so in der deutschen Fernsehlandschaft noch nicht gab. Thematisch bunt und unterhaltsam. Es war die Zeit der VHS-Recorder und Fernsehzeitschriften. Fünf Moderator*innen gaben der Sendung in den ersten zwölf Jahren ein Gesicht. Seit 2003 darf nun ich diese wunderbare Sendung moderieren. Besser gesagt: *erleben*. Umgeben von einem großartigen Team, bei dem ich so sein darf, wie ich bin. Ebenso großartig sind all die Bekanntschaften, die ich vor der Kamera machen durfte und immer noch darf. Tolle Menschen mit viel Enthusiasmus und vor allem Humor bei jeder einzelnen Produktion. Und dieses Lebensgefühl, die ganzen Erfahrungen, die Vielzahl an Themen und Begegnungen, das soll jetzt also alles irgendwie in ein Buch. Aha.

Wie? Keine Ahnung. Bei bislang an die 280 Sendungen mit mir eine schier unmögliche Aufgabe. Es muss also eine Auswahl getroffen werden. Genau. Und im besten Fall stehen die auch stellvertretend für alle anderen. Ja, so könnte es gehen. Schließlich heißt es ja: Der Schmidt Max macht *ein* Buch und nicht zehn. Außerdem braucht eine zehnbändige Enzyklopädie dann doch a bissal viel Platz aufm Nachtkastl. Ich freue mich jedenfalls sehr über dieses Buch und kann mich nur bei allen Beteiligten recht herzlich für dieses Kunststück bedanken.

So, aber jetzt halte ich Sie nicht mehr länger auf. Schließlich haben Sie ja gerade Freizeit. Und diese, das kann ich sagen, ist kostbar. Also, viel Spaß beim Lesen.

Ihr Schmidt Max

30 Jahre
»FREIZEIT«

nichts weniger als die erste Freizeit-Sendung im deutschen Fernsehen wollten wir erfinden. Die Premiere wurde wochenlang beworben und dann, tja, dann fielen wir zum Sendestart gleich mal aus. Genau am dafür festgelegten Tag, am 17. Januar 1991, begann der Zweite Golfkrieg …

Als Nächstes planten wir Eissegeln auf den Kärntner Seen, nur leider hatten wir drei Tage völlige Flaute. Beim Ersatzdreh, einer Schlittentour, brach sich Moderatorin Stefanie Tücking zwei Rippen. Und bei einer Folge wenig später kippte Moderator Herbert Gogel samt Kamera aus einem Heißluftballon.

Uns Machern war klar: Das halten wir keine sechs Monate durch. Daraus sind nun dreißig Jahre geworden – und es gibt uns noch immer.

Wir sind Absolventen der Deutschen Journalistenschule und glühende 1860-Anhänger mit Dauerkarte in der Stehhalle des Grünwalder Stadions. Außerhalb des Stadions und der Redaktion gründelt Stiglmaier in seinem Weinkeller als IHK-geprüfter Sommelier, während der Fliegenfischer Meißner dem Huchen, seinem Lieblingsfisch, folgt.

Im Geiste vereint, im Temperament doch recht unterschiedlich. Und so »darf« der Max mal im Römertopf kochen, muss aber zwei Wochen später als tauchende Putzkolonne im Haifischbecken schrubben. *Mit* Haien versteht sich.

Froh, so einen Teufelskerl entdeckt zu haben, begann 2003 die noch erfolgreichere Zeit dieser Sendung, die glücklicherweise bis heute andauert. Den Schmidt Max komplettiert der alte grüne Opel Kadett seines Opas, eine abgetragene cognacfarbene Lederjacke und sein lichter werdendes Haupthaar, an dessen Verlust er gerne öffentlich leidet. Seit dreißig Jahren schreiben wir die Drehbücher zur Sendung. Wir – dazu gehört seit bald zwei Jahrzehnten auch Sylvie Menning. Über 1 000 Themen sind es inzwischen geworden. Bei besonders kniffligen Aufgaben fragt der Schmidt Max: Habt ihr es selber ausprobiert? Haben wir. Und deshalb baumelt der Max schon mal beim Übernachten in einer 400 Meter hohen Steilwand (siehe Seite 64) oder muss achtzig Kilometer mit dem alten Stahlrennrad die Schotterpisten der Eroica (siehe Seite 156) überstehen. Zum Ausgleich gibt's Reisen zu Wein und Kulinarik – von Tomate bis Datschi (siehe Seiten 20, 58 u. 214).

Mit dieser Mischung aus Wahnsinn und Wellness, von Arschbacken bis Kuchenbacken haben wir fünf Mal den »Columbus« gewonnen, den Oscar des deutschen Reise-Journalismus, dazu den Katholischen Medienpreis der Deutschen Bischofskonferenz für unseren gefilmten Versuch, eine Papst-Audienz bei Franziskus (siehe Seite 110) zu bekommen, außerdem den Deutschen Denkmalschutz-Preis und die Bayerische Denkmalschutzmedaille.

Der Todfeind eines Magazins sind ordentliche Geschichten – ordentliches Thema, ordentlich recherchiert, ordentliche Bilder: das einzige Schlafmittel, das mit den Augen eingenommen wird. So etwas wollen wir auch in Zukunft bestmöglich verhindern.

Eine Auswahl unserer ungewöhnlichsten Geschichten finden Sie hier im Buch. Viel Freude beim Ausprobieren. Denn das war uns immer das Wichtigste: Alle verfilmten Abenteuer sind garantiert nachmachbar.

Frank Meißner
und Herbert Stiglmaier

Brauchtumspflege der besonderen Art:
EIN BIER IM DENKMAL

Auch für den Schmidt Max ist Bier ein Lebenselixier. Umso größer die Misere, wenn der Herbst einzieht und die Biergartensaison sich davonstiehlt.

Hilfreich ist, wenn man einen Fachmann kennt, in diesem Falle den Herrn Dr. Karl Gattinger vom Landesamt für Denkmalpflege, der einem über die biergartenlose Zeit hinweghilft, indem er seine Kenntnisse übers Biertrinken auf höchstem wissenschaftlichen Niveau weitergibt. Ein gemeinsamer Ausflug soll sie zu allerlei historischen Bierquellen führen.

Überraschenderweise kommen dabei zuerst die sonst eher weinseligen Unterfranken ins Spiel: Der Schmidt Max steuert nämlich auf Herrn Gattingers Befehl seinen geliebten Großvaterkadett in Bayerns hohen Norden, über Bamberg hinaus nach Junkersdorf bei Königsberg. Im Jahr 1840, bemerkt Herr Gattinger, habe es in Unterfranken noch 194 Kommunbrauhäuser gegeben. Also praktisch eines in jedem Dorf. Und noch immer hundertprozentig original erhalten ist bis heute das Brauhaus in Junkersdorf, das bierigste Baudenkmal Bayerns mit gelebter Braukultur.

Je mehr Herr Gattinger sich in Fahrt redet, umso trockener wird dem Schmidt Max seine Kehle. Groß ist schließlich seine Freude, als sie nach dreistündiger Reise endlich vor einem schmucken kleinen Sandsteinbau stehen, auf dem die Jahreszahl 1839 prangt. Das Ziel ihrer (Sehn-)Süchte.

Koryphäen unter sich: Karl Gattinger hat seine Doktorarbeit übers Bier geschrieben und auch Herr Schmidt studierte länger an der Angewandten

Herr Gattinger kommt schon wieder ins Schwärmen, und dies noch vor dem ersten Schluck Bier.

»Da schaun S', Schmidt Max«, sagt er, »die Gesimsgliederung mitsamt den Seitenlisenen, dann da oben die Ladeluke –«

»Die Seitenli... was? Denken Sie sich grad neue Wörter aus?«

»Eine *Lisene*, das ist wie ein Sims. Bloß senkrecht anstatt waagrecht.«

»Aha.«

„Kommt vom französischen *lisière* – Saum, Rand, Kante.«

»Ah so?«

»Und die kassettierte Holztür mit dem Rautenmuster – was sagen Sie dazu?«

»Wirklich pfundig – aber meinen S' nicht, wir sollten die Tür lieber aufmachen als anschauen, dass wir endlich zum Bier kommen?«

Aber auch die geöffnete Tür führt noch nicht direkt zum Bier, sondern zuerst zum historischen Interieur. Der eiserne Läuterbottich aus einer Zeit noch vor dem Ersten Weltkrieg ist ein inneres Volksfest für den Historiker, und während der Schmidt Max mit ihm über die alten Holzstiegen zur Darrkammer hinauf- und auch gleich wieder hinunter-

Gelebte Braukultur im unterfränkischen Junkersdorf: der über 100 Jahre alte Läuterbottich des Kommunbrauhauses wird regelmäßig genutzt

kraxelt, beschäftigt ihn die Überlegung, ob der Gattinger Karl am Ende vorhat, sein inneres Volksfest völlig ohne Bier zu feiern. Andererseits ist es vielleicht besser, sich in nüchternem Zustand über die steilen Stiegen zu bewegen.

Nach gefühlten Stunden, aber in Wahrheit doch nur einer halben, kann der Schmidt Max endlich degustieren, was in dem alten Gemäuer frisch entstanden ist. Bei einem unterfränkischen Seidli in der Gaststube erfährt der Schmidt Max, dass er soeben eines von circa 5 000 trinkt – 25 Hektoliter umfasst der Braugang – und dass es sich, laut Braumeister Martin, um einen Mischmasch aus Wiener und Münchner Malz handle, das wiederum aus Bamberg stamme. Und wenn er nicht der Schmidt Max wäre, so hätte er höchstwahrscheinlich gar kein Seidli gekriegt, weil das Bier in diesem Kommunbrauhaus nicht verkauft wird, sondern ausschließlich für die hundert Vereinsmitglieder da ist. Diese wiederum verhelfen dazu, dass das Bier unversteuert bleibt, denn jeder Erwachsene in Deutschland ist dazu berechtigt, zwei Hektoliter Bier pro Jahr steuerfrei für den Eigenbedarf zu brauen.

Als der Schmidt Max schließlich auch den Unterschied zwischen obergärig und untergärig kennengelernt hat (der entscheidende Unter-

schied ist die Temperatur beim Gären), ist er unversehens beim zweiten oder vielleicht auch schon dritten Seidli angelangt, und der Herr
Gattinger mahnt zum Aufbruch. Allerdings noch nicht zur nächsten
Brauerei, sondern vorerst nur zum Wohnwagen, der Ausnüchterung
wegen. Dies nicht zuletzt auch deshalb, weil Braumeister Martin sonst
in seinem Hauptberuf als Polizist aktiv werden müsste.

Nach einem erfrischenden Mittagsschlaf (»mittogs is die beste Zeit
zum Schloffa«) setzt sich das Gespann wieder in Bewegung. Eigentlich
zwei Gespanne: Dem Schmidt Max sein alter Kadett mitsamt dem historischen Wohnwagen sowie der Schmidt Max selbst mitsamt dem bier-
historischen Fachmann.

Im nächsten Reiseziel Ellingen erwartet sie gewissermaßen das Gegenteil
von Junkersdorf – dort Kommunbräu, hier *Schlossbrauerei*. In Junkersdorf ein Bier, das außer den hundert bierseligen Kommunarden keiner
kennt – hier in Ellingen ein Dunkles, das auf seiner Schaumkrone noch

In der ehemaligen Brauerei des Deutschherrenordens in Ellingen
geht es auch heute noch adelig und bierig zu

eine europäische Bierpreiskrone trägt. Während Dr. Gattinger wieder
über die architektonischen Details von Schloss- und Brauereifassade
doziert, blickt der Schmidt Max verstohlen an sich herab und denkt
darüber nach, ob er nicht doch noch schnell nach Hause fahren, sich
umziehen und in edler Nadelstreifenumhüllung wieder auftauchen sollte. Aber zu spät – schon sind Fürst und Fürstin da und geben den Weg
zur Besichtigung frei und damit zu weiteren inneren Volksfesten des
Herrn Gattinger.

»Da schaun S' her«, sagt er, als sie im dreihundert Jahre alten Sudhaus, dem Kernstück einer jeden Brauerei, stehen. »Sehng S' des?«

»Des Deckengewölbe?«

»Genau. Typisch barock – schee verzogen, passt net genau.«

Findet der Schmidt Max erstaunlich, weil, der Johann Sebastian
Bach ist schließlich auch barock. Hat der jetzt genauso komponiert, wie
das Gewölbe dasteht? Schee verzogen, passt net genau? Klingen tut's
eigentlich nicht so. Außerdem heißt's doch immer, Bach wäre Mathe-
matik.

Dr. Gattinger gibt zu bedenken, dass »barock« aus dem Portugiesi-
schen stamme und ursprünglich »schiefe Perle« bedeutete. »Aber Hauptsache ist – schaun S', wie das Sudhaus erhalten ist, mitsamt dem Gewölbe über unseren Köpfen und dem Steinplattenbelag unter unseren
Füßen. So was gibt's heit nimmer, da red einer von Fortschritt …«

Dem Schmidt Max, der ja ursprünglich nur seine Herbstdepression
bekämpfen wollte, scheint der Weg zum wahren Fortschritt in der Tat
noch hoffnungslos lang. Denn wahrer Fortschritt wäre, den entscheiden-
den Schritt zum Seidli zu tun, in dem sich der Kummer über das Ende
der Biergartensaison ertränken lässt und das hier in Mittelfranken
wahrscheinlich schon wieder ganz anders heißt.

Während der Schmidt Max vom Seidla träumt, träumen auch Fürstin und Fürst von und zu Ellingen – vom Ausbau der ehemaligen Wirt-
schaftsgebäude und Stallungen zu Lofts und Wohnungen, zu Räumen,
die für Festivitäten zur Verfügung stehen.

Gott sei Dank hilft die beängstigend zeitig hereinbrechende Dunkel-
heit ein wenig nach und lenkt die Schritte nun endlich zum preisgekrön-
ten Dunklen, Europameister 2014. Wie aber verhält man sich nun, wenn

man als Oberbayer in Franken mit einem exorbitanten Bier konfrontiert
wird, das man am liebsten im täglichen Abonnement beziehen würde?
Soll man jodelnd und schuhplattelnd auf dem Tisch oder Tresen oder
sonst wo herumhüpfen?

»Hat scho was«, sagt der Schmidt Max.

»Schmeckt aber scho ...«, sekundiert Dr. Gattinger.

»... eigentlich ...«

»... gar net ...«

»... so schlecht ...«

»... oder?«

Zu später Stunde befinden sich die beiden Herren ganz allein in der
Gaststube, Fürst und Fürstin haben sich längst zur Ruhe begeben. Al-
lein an der Anzahl der leeren Gläser auf dem Tisch ließe sich schon die
Qualität der hiesigen Erfrischungsgetränke erkennen.

»Warum«, so dem Schmidt Max seine letzten Worte vor dem Schlum-
mer, »warum haben wir keine fürstliche Suite reservieren lassen?«

»Weil man sich den Wohnwagen mit fürstlichem Bier schön genug
trinken kann!«, behauptet Dr. Gattinger. Dann schnarcht er.

Keinesfalls darf man sich mehr als zwei Brauereien pro Tag vornehmen. Auch dann nicht, wenn eine der beiden nur eine Sorte Bier anbietet.

> **Buchtipps**
> Karl Gattinger, Genuss mit Geschichte: Reisen zu bayerischen
> Denkmälern – Brauhäuser, Bierkeller, Hopfen und Malz,
> Volk Verlag 2016
>
> Anders Möhl u. Elmar Tannert, 33 Biere. Eine Reise durch Franken,
> ars vivendi verlag 2016

Der Weg von Ellingen nach Seemannshausen wird deshalb erst am nächsten Tag angetreten. Er führt nicht nur zweihundert Kilometer nach Südosten, sondern auch von spätherbstlicher Farbenpracht zum ersten dünnen Schneewinterkleid. Unentschieden wie die Jahreszeit, findet der Schmidt Max, ist auch der Eremitenklosterbau. Ausgestaltet mit Wand- und Deckengemälden einerseits, aber dann doch wieder nur mit Holz- statt Marmortreppen andererseits.

»Typisch Bettelorden«, sagt der Herr Gattinger dazu.

»Egal«, meint der Schmidt Max, »Hauptsache, wir müssen hier nicht um die Getränke betteln. Aber bis jetzt haben wir noch niemanden gesehen. Jemand da?«

Er betätigt einen Klingelzug, und ein schriller Ton ruft den Braumeister herbei, der nicht ganz unpassend zu seiner Profession den Namen »Kellerer« trägt und mit Abfüllen beschäftigt war – nicht sich, sondern Flaschen. Wohlgeformte Biersiphonflaschen, um genau zu sein.

»Für den Export nach Übersee?«

»Nein. Für die Gäste zum Mitnehmen.«

Denn auch wenn das Bier *Export* heiße – ein solches naturbelassenes, unfiltriertes und unpasteurisiertes Bier sollte man spätestens drei Wochen nach der Abfüllung konsumieren, und daher sei es auch zum Export in näher gelegene Gegenden nur sehr bedingt geeignet.

Der Schmidt Max verspürt schon wieder Durst und fragt nach einem Probeschluck. Beinah hat er Pech.

»Heute ist Ruhetag«, sagt die Chefin, die sich dazugesellt hat. »Aber Sie können gern was mitnehmen.« Gesagt – getan. Allerdings: Die

Im Kloster Seemannshausen in Niederbayern werden schon
seit 400 Jahren hungrige und durstige Pilger empfangen

Herren Schmidt und Gattinger haben die Lektion gelernt und exportie-
ren das Export nicht allzu weit. Nehmen Platz direkt vorm Haus, wo die
nachmittägliche Herbstsonne ihre Strahlen fast waagerecht hinschickt,
und prosten einander zu. Nicht nur einmal. Zum Wohnwagen ist es zum
Glück nicht weit.

Beim Erwachen am nächsten Morgen kommt dem Schmidt Max angesichts seiner etwas mangelnden Fitness der Karl Valentin in den Sinn:
Hoffentlich wird es nicht so schlimm, wie es jetzt schon ist.
    Positiv zu vermerken ist indes, dass die Trinkkur mit dem heutigen
Tag und nach dem letzten Reiseziel, Kloster Baumburg im Chiemgau,
ihr Ende finden wird. Dortselbst reicht die Brautradition bis ins Jahr
1612 zurück, doch noch mehr beeindruckt den Schmidt Max die Größe
der hauseigenen Latifundien. Weil nämlich: Die 35 Hektar Baumburger
Gerstenfelder reichen weiter, als das Auge reicht. Sie dehnen sich gewissermaßen in die weite Welt hinaus, ohne sich ihrer bedienen zu wollen.
    »Wir wollen keine australische Gerste«, so der Braumeister, »keine
französische Gerste, wir wollen ausschließlich unsere Chiemgauer
Gerste.«

Oberbayern, das Land der Barockklöster – wenn Kirche, Brauhaus und Braustüberl so nah beieinanderliegen, kann das nur Gutes bedeuten

»Ist ja auch ökonomisch vernünftig, wenn ma des Zeug net durch die halbe Welt karrt«, stellt der Schmidt Max fest.

»Und ökologisch«, sekundiert der Herr Gattinger.

»Außerdem schmeckt's halt einfach.«

Das darf man bei aller Vernunft nicht außer Acht lassen. Den Beweis erbringen sie ebenfalls direkt vor Ort. Sie setzen sich ins Bräustüberl und genießen nachhaltig die regionalen Produkte, die ihrerseits eine nachhaltige Wirkung entfalten. Es handelt sich nämlich um ein äußerst bockhaltiges Sortiment – außer einfachem Bockbier verheißt man ihnen auch »zwoa Doppelböck, oan gstopften Bock und drei Eisböck.«

Eben hat Herr Gattinger noch von den herrlichen Gewölben geschwärmt. Nun verblasst allmählich der Barock des Baudenkmals hinter dem Bock, der darinnen gebraut wird. Gut, dass sie nirgendwo mehr hinmüssen. »Bier trinken ist schön, macht aber viel Arbeit«, konstatiert der Schmidt Max, was so oder so ähnlich ebenfalls von Karl Valentin stammt.

»Da haben wir Glück, Schmidt Max«, resümiert Herr Gattinger, »dass wir unsere Arbeit lieben. Prost!« ◇

Schlossbrauerei Ellingen
Schlossstraße 10
91792 Ellingen
www.fuerst-carl.de

Klosterbräu Seemannshausen
Seemannshausen 8
84140 Gangkofen
www.klosterbraeu-
seemannshausen.de

Klosterbrauerei Baumburg
Baumburg 20
83352 Altenmarkt
www.baumburger.de

Hinweis: Alle drei Brauereien informieren ausführlich zu Spezialitäten, aktuellem kulinarischen Angebot und Führungen auf den angegebenen Webseiten.

Der perfekte
ZWETSCHGEN DATSCHI

Zwetschgen vom Baum, Teig anrühren, Zwetschgen auf Teig, in den Ofen damit, halbe Stunde warten und – fertig ist er, der Zwetschgenkuchen. *Zwetschgenkuchen?* Doch wohl eher der bayerische Zwetschgendatschi – oder? Der Schmidt Max kommt ins Grübeln, denn er hat munkeln hören, dass man in manchen Regionen auch von einem »Zwetschgenblootz« spricht. Aber wie schreibt man den bloß? Blootz oder Bloods oder gar Plotz wie Hotzenplotz, weil die Großmutter in den Geschichten vom Räuber Hotzenplotz auch immer Zwetschgenkuchen backt?

Noch wichtiger aber ist die Geschmacksfrage. Macht man einen Mürbteig? Macht man einen Hefeteig? Und: Macht man den Datschi respektive Blootz rund oder eckig? Auch dies gehört ganz klar zu den Geschmacksfragen. Schließlich schmecken Spaghetti ja auch anders als Tagliatelle oder Makkaroni.

Zur Klärung dieser Fragen hilft nur, sich auf Reisen zu begeben, dorthin, wo die Fachleute zu Hause sind. Die erste Reise führt den Schmidt Max ins unterfränkische Mönchsondheim und dort wiederum zuerst zum Heimatforscher Reinhard Hüßner, der den Schmidt Max sogleich auf einen Baum schickt. »Reif ist die Frucht, wenn beim Rupfen der Stiel am Ast bleibt«, schärft er ihm ein.

Während der Schmidt Max hoch oben am Baum emsig pflückt, eingedenk des Bibelwortes *im Schweiße deines Angesichts sollst du deinen Datschi essen*, schwelgt Herr Hüßner in Erinnerungen an goldene

Zwetschgenzeiten. Rund 60 000 Bäume habe es allein im Landkreis Kitzingen gegeben, doch im Lauf der Jahrzehnte habe man ihnen den Garaus gemacht, unter anderem bei Flurbereinigungen. Da habe es Prämien für die Abholzung der Bäume gegeben – heute würden Prämien für Neuanpflanzungen ausgezahlt. Auch seien früher, erfährt der Schmidt Max weiter, die Zwetschgen waggonweise als »Prünellen«, gedörrt und in Rauch getrocknet, exportiert worden; aber: Aufwand groß, Erlös gering, das tue sich niemand mehr an.

»Ein Grund mehr«, meint der schwitzende Schmidt Max, als er mit vollem Korb hinunterklettert, »den Datschi hochleben zu lassen!« Herrn Hüßners bisher freundliche Miene umwölkt sich. Der Schmidt Max ist ins fränkische Fettnäpfchen getreten. *Blootz*, nicht Datschi, so Herr Hüßner, sage man in Franken, denn das fränkische Wort Blootz heiße zu Hochdeutsch »Platz«, und weil der Blootz genau so flach und rund sei wie ein Blootz, heiße der Blootz eben Blootz.

Der Landkreis Kitzingen, früher die reinste Zwetschgenlandschaft, aber auch heute werden Streuobstwiesen wieder gefördert

Fluffiger Hefe- oder üppigerer Mürbteig: Da geht der Riss quer durch
Bayern – in Unterfranken wird mit dem Blootz Ersterer bevorzugt

Mit diesen Worten geleitet er den Schmidt Max zum Mönchsondheimer Kirchenburgmuseum, wo er von den drei Landfrauen Christa,
Ilse und Lisbeth erwartet wird. Sie verraten ihm vor den nächsten Ar-
beitsgängen die drei Blootzgrundlagen: Erstens, so Ilse, bereite man
einen Hefeteig, weil es mit Mürbteig ein Zwetschgenkuchen wäre und
kein Zwetschgenblootz, zweitens, so Lisbeth: »wichtig is des Dämpferla«,
und drittens, ergänzt Christa: »Am End muss mer aufpass, dass er net
spundig wird.«

Der Schmidt Max bekennt vor Lisbeths strengem Blick vorsichtshalber nicht, dass er nicht weiß, was ein Dämpferla ist, zumal er sich
plötzlich wie ein Erstklässler fühlt vor den drei Damen, die den Eindruck
machen, als hätten sie ihr Leben lang das Fach *Zwetschgenblootz* unter-
richtet und nicht immer nur Einser vergeben. Stattdessen lässt er, um
Wohlwollen heischend, seinen randvollen Korb begutachten. »Dass des
der Korb ausgehalten hat!«, zollt Ilse Respekt.

Angesichts der Zwetschgenmenge lässt man den Schmidt Max nicht
allein, sondern verarbeitet die Ernte zu viert, zumal man ihn auf den
rechten Weg führen muss. Nämlich: Zwetschge an der Naht einschneiden, aufklappen, Kern freilegen, aufgeklappt hinlegen, beide Hälften

Rund wie ein Dorfplatz: Woher der fränkische »Blootz« seinen Namen hat, dürfte nun nicht mehr verwundern

schräg einschneiden. Zum zweiten Mal an diesem Tag gerät der Schmidt Max ins Schwitzen, nicht wegen der Mühe, sondern weil er fürchtet, dass seine operativen Zwetschgenschnitte vor den Augen des Fachfrauentrios keine Gnade finden, aber sie bescheiden ihm freundlich: »Dann drück-mer halt amal a Aug zu!«

Es folgt der Teig. Die fränkischen Damen platzieren sich wieder auf dem Sofa und lassen den Bayern unter ihrer Aufsicht agieren. Beim Bereiten des Teigs erschließt sich endlich die Bedeutung des Dämpferlas: Es gilt, eine Teigkuhle zu bilden und in ebendiese Hefe, Milch und Zucker hineinzurühren. Und auch a weng a Mehl.

Der Schmidt Max fühlt sich in seine Kindheit zurückversetzt, als er mit Essen noch spielte. Auch wenn Essen angeblich nicht zum Spielen da war, gestaltete er den Kartoffelbrei in unbeaufsichtigten Momenten zu einem Berg und den Berg durch Eindrücken des Gipfels zu einem Vulkan, in den er Bratensoßenlava hineinfüllte, die sich alsdann in die Erbsendörfer am Fuße des Kartoffelbreivulkans wälzte – so ähnlich geht es ihm jetzt mit dem Dämpferla vom Hefeteig, und die drei Landfrauen wirken durchaus nicht so, als würden sie ihn des Spielens mit Essen zeihen, sondern verfolgen seine Teigarbeit mit Wohlwollen. Vielleicht

Vier Tage wird der fast hundertjährige Ofen vorgeheizt,
der Teil des Mönchsondheimer Freilandmuseums ist

denken sie sogar darüber nach, ob sie nicht auf ihre alten Tage noch
einmal heiraten sollten. Nicht irgendwen, versteht sich, sondern den
Schmidt Max, der den aufgegangenen Teig jetzt so lang auf dem runden
Blech aufnudelt, bis er sich Komplimente einfängt – »Hast schee rund
aufgnudelt!« und: »Wemmer schee rund aufnudeln kann, kammer aa
gut tanz!«

Das muss er jetzt unter Beweis stellen, und während er nachein-
ander mit Christa, Ilse und Elsbeth das Tanzbein schwingt, denkt er
darüber nach, ob er nicht im nächsten Leben als Unterfranke zur Welt
kommen möchte, um diesen ebenso eigenartigen wie schönen Dialekt
nicht erst lern zu müss, sondern von Kindheit an zu sprech.

Aber lass dich von solchen Gedanken net ablenk, Schmidt Max, weil,
jetzt musst die Zwetschgen aufleg, schön rund von außen nach innen,
am Schluss noch a wengala Zimt draufschütt und dann zum Bäcker
geh!

Bäcker Jürgen hat extra für den Schmidt Max schon vorheizen
lassen, und zwar den alten Backofen von 1927, der seit 1958 nur noch zu
besonderen Gelegenheiten in Betrieb genommen wird und wiederum
in der Gemeindebackstube steht, die seit 1557 existiert und sich im

Mönchsondheimer Rathaus (www.kirchenburgmuseum.de) befindet.
Dem Schmidt Max sein Blick fällt auf ein Schild:

> Polizeilich verboten ist,
> das Betasten der Esswaren
> das Mitbringen von Hunden
> das Spucken auf den Boden.

Von wann es wohl sein mag? Keine Zeit zum Sinnieren, jetzt muss er
unter Jürgens Anleitung den Blootz fachmännisch im Ofen platzieren
und sich dabei auch noch die Frage verkneifen, ob man in Franken eventuell von *blootzieren* spricht.

Die gute halbe Stunde bis zum fertigen Zwetschgenblootz geht
schnell vorbei. »Wunderbar!«, befindet die Damenrunde einhellig das
Ergebnis, »net spundig geworden, sondern fluffig!«, und konstatiert nebenbei, dass sich der Schmidt Max »das größte Trumm« genommen
habe.

»Wer ko, der ko!« – in geselliger Probierrunde mit den drei Damen
vom Blootz sowie Bäckermeister Jürgen

Die Allgäuer Schwestern Elisabeth und Monika sparen beim
Datschi nicht an Butter, Streuseln und Sahne

An diesem Punkt hat er allerdings erst den halben Weg zur Wahrheit
über Blootz und Datschi zurückgelegt, auch wenn er sich bereits wie am
Gipfelpunkt der Seligkeit fühlt. Es heißt also weiterziehen, von Unterfranken ins Oberallgäu zu den Schwestern Monika und Elisabeth.

Dort, in Kempten, bleibt ihm das mühselige Pflücken erspart, denn
die Datschispezialistinnen decken ihren Bedarf auf dem Markt, mit
Zwetschgen vom Bodensee. Ebenso schnell, wie die Zwetschgen besorgt
sind, zeigt sich auch: Mit dem in Unterfranken erworbenen Fachwissen
kann der Schmidt Max im Oberallgäu nicht punkten. Hier backt man
nicht rund, sondern eckig; hier bereitet man keinen Hefeteig, sondern
einen Mürbteig; hier werden die Zwetschgen nicht, wie in Franken, auf
den Teig gelegt, sondern *hineingedootscht*, sprich, fest hineingedrückt;
hier werden sie gewaschen anstatt trocken abgerieben, und auch die
Schnittmethode ist eine andere. Nicht Zwetschge an der Naht einschneiden, aufklappen, Kern freilegen, aufgeklappt hinlegen, beide Hälften
schräg einschneiden, sondern oben ein Schnitt, dann ein Schnitt quer,
ein Schnitt an der Unterseite, Zwetschge auseinanderklappen, Kern raus
und fertig. Oder so ähnlich. Sogar bei der Ei-Auswahl zeigt sich ein

> **Tipp**
> Die ZweiSchwestern Moni und Elisabeth haben ihre Leidenschaft
> fürs Backen von der Oma und der Mama geerbt – und geben sie
> in ihren Backkursen gerne an Interessierte weiter. Das Datschi-
> Rezept sowie viele andere Köstlichkeiten finden sich außerdem
> im Backbuch der Schwestern, Mit Liebe gebacken, erschienen
> 2019 im AVA-Verlag.
>
> ✦   www.zweischwestern.net

Unterschied: Monika und Elisabeth schwören zu Schmidt Max' Erstaunen auf grünschalige Hühnereier, die von Frühlegern stammen.

Und außerdem: Hier überlässt man dem Schmidt Max nichts allein –
die Schwestern sind bei jedem Handgriff dabei. Sie kennen es von Kindheit an nicht anders, haben als Schülerinnen und Studentinnen in Bä-
ckereien gejobbt und im Lauf der Jahre womöglich schon Millionen von
Zwetschgen entsteint. Delegieren werden sie vermutlich erst dann, wenn
sie das gesegnete Alter der unterfränkischen Landfrauen erreicht haben.

Nachdem die Zwetschgen eingedatscht sind, also fest in den Mürbteig hineingedrückt, folgt etwas ganz Wichtiges, wovon in Unterfranken
nie die Rede war: Streusel. Ohne die geht's nicht, so Monikas und Elisabeths Credo – das heißt mit anderen Worten: nicht ohne geschmolzene
Butter, Zucker und Mehl nebst Zimt und Nüssen zur Verfeinerung. Und
noch während der Schmidt Max erstaunt konstatiert, dass sich die
Kemptener Datschigeschwister einer beneidenswerten Schlankheit er-
freuen, sprechen sie auch noch von Schlagsahne, an der man ebenso
wenig wie an Streuseln sparen dürfe. Eventuell kraxelt man ja im Allgäu nach dem Verzehr von einem Stück Zwetschgendatschi mit Schlagsahne ein paarmal aufs Rubihorn und wieder hinunter, um die Kalorien
loszuwerden, überlegt der Schmidt Max, dieweil er vollmundig verkündet, dass er den Datschi aus Monikas und Elisabeths Backstudio jeden
Tag essen könnte. Und jetzt ahnt er auch, warum die Mönchsondheimer
Landfrauen die Schlagsahne weggelassen haben – in Unterfranken sind
die Berge nicht so hoch. Aber dafür kann man dort schöner mit dem
Teig spielen … ◇

ZWETSCHGENBLOOTZ
MIT HEFETEIG

Zutaten

500 ml Milch | 100 g Butter | 100 g Zucker | 3 Eier | ½ Teelöffel Salz |
3 Pck. Trockenhefe| 1 – 1,2 kg Mehl | Zwetschgen zum Belegen

Zubereitung

Die Hälfte des Mehls in eine Schüssel geben und zu einem Kegel
aufhäufeln. Die 3 Päckchen Hefe und den Zucker dazugeben.
Mit lauwarmer Milch verrühren und das »Dämpferla« gehen lassen,
bis sich der Teig verdoppelt hat.

Anschließend die restlichen Zutaten dazugeben. Wenn der Teig
noch an den Fingern klebt, mit Mehl korrigieren.

Noch einmal an einem warmen Ort gehen lassen. Zum Schluss den Teig
auf einem gefetteten Blech ausrollen und mit Zwetschgen belegen.
Vor dem Backen ein letztes Mal kurz stehen lassen.

Backofen auf 200° C vorheizen und den Blootz etwa 35 – 40 Minuten
backen.

Tipp

Wenn die Zwetschgen sehr saftig sind, vor dem Belegen eine
Schicht aus Quark, Schmand oder Semmelbröseln auf den Teig
geben.

ZWETSCHGENDATSCHI
MIT MÜRBTEIG

Zutaten

Für den Teig: 450 g Mehl | 200 g Zucker | 200 g Butter (kalt) |
1 EL Vanillezucker | 1,5 TL Backpulver | 1 Prise Salz | 2 Eier

Für die Streusel: 170 g Mehl | 100 g Zucker | 100 g Butter |
2 kg Zwetschgen | Zimtzucker, falls die Zwetschgen sauer sind

Zubereitung

Mehl, Zucker, Vanillezucker, Backpulver und eine Prise Salz in einer Schüssel verrühren.

Kalte Butter und Eier dazugeben. Erst mit Rührgerät, dann mit den Händen zu einem festem Teig kneten. Eventuell mit Milch oder Mehl korrigieren. Wer mag, kann den Teig in Frischhaltefolie 30 Minuten kühl stellen.

In der Zwischenzeit Zwetschgen entsteinen.
Dann den Teig ausrollen, auf ein mit Backpapier ausgelegtes Backblech legen und mit den Zwetschgen belegen.

Aus Butter, Zucker und Mehl Streusel herstellen und über den Zwetschgen verteilen.

Im vorgeheizten Backofen (175° C) 30 – 40 Minuten backen.

WALDBADEN
sag bloß nicht
Spaziergang dazu

D ass Waldbaden nichts mit einem Fichtennadelschaumbad zu
tun hat, weiß heute fast ein jeder. Auch der Schmidt Max.
Doch ob es sich beim Waldbaden eventuell nur um eine neu-
modisch-japanische Schaumbadschlägerei handelt, und ob die dauer-
gestressten Japaner es nicht viel nötiger haben als wir, muss erst noch
herausgefunden werden.

Dazu nimmt der Schmidt Max eine vierstündige Autofahrt über den
Brenner nach Südtirol auf sich, was den Nebeneffekt hat, dass er schön
gestresst am Ziel ankommt, denn er hat nichts Geringeres vor, als den
Südtiroler Waldbadeexperten Martin Kiem aufzusuchen, um sich pro-
fessionell entstressen und entschleunigen zu lassen.

Schon bei der Begrüßung am nächsten Morgen indes wird der
Schmidt Max von Zweifeln gepackt, ob der Weg zur Entspannung nicht
ein wenig *zu* kompliziert sein könnte. Martin verkündet nämlich enthusiastisch, dass heute ein super Tag für *Komorebi* sei; auch von *Shirin
Yoku* ist die Rede. Zuerst aber bittet er den Schmidt Max, der als Laie
bisher immer einfach so in und durch den Wald spaziert ist, er möge
alle Probleme, Sorgen et cetera in inniger Berührung mit einem Baum
erst einmal an der, sozusagen, Garderobe abgeben, um sich wirklich auf
den Wald einlassen zu können und bereit zu sein für die erste Übung:
das Aufwärmen der Sinne.

Von der alltäglichen Reizüberflutung abgestumpft, müssten diese
im Wald aktiv wachgerufen werden. »Wenn du die Augen schließt«, sagt

Martin, »öffnen sich alle anderen Sinne.« Unter seiner Anleitung begibt sich der Schmidt Max nun also auf Sinnenreise, lässt die Waldluft in sich hineinfließen, greift mit den Händen in sie hinein wie in Wasser, lässt seine Fingerkuppen über Baumrinden streichen, schnuppert erdigmoosige Duftnoten, und in seinen Ohren entfaltet sich die Waldsymphonie aus Bienensummen, Spechttrommeln und Buchfinkgesang, bis er schließlich gar glaubt, die zarten Füße einer Raupe zu hören, die über ein Eichblatt lustwandelt.

Jetzt darf er die Augen sonnenaufgangsgleich wieder öffnen und fühlt sich bereits deutlich entschleunigt – oder, um es in seinen Worten zu formulieren, »ma bremst relativ schnell obi«. Damit hat er eines der Grundelemente des Waldbadens kennengelernt – die Langsamkeit. Nicht völliger Stillstand, wie es dem Schmidt Max vorkommt, als er die Augen wieder geöffnet hat, aber zehnmal so langsam wie normales Wandertempo.

Entsprechend besteht die zweite Übung in »Achtsamem Gehen«, mit der goldenen Regel: »Bemerke alles, was um dich herum geschieht.«

Kein Zweifel: Nicht nur für Baumflüsterer Martin schaut
so ein perfekter Tag für Komorebi aus

Schon alleine die Tatsache, dass wir von Wald umgeben sind, steigert das Wohlbefinden – auch vielfach wissenschaftlich erwiesen

Die japanische Vokabel dazu lautet *Shoshin*, was man mit »Anfang-Geist« nur unvollkommen übersetzen kann. Dieses Wort, so erklärt es Martin, beschreibe einen Geist, der so rein und unverbraucht sei wie frisch gefallener Schnee, und beruhe auf einem Gedanken des Zen-Buddhismus. Der Geist eines Meisters sei voll ausgetretener Pfade, während es im Geist eines Novizen noch keine Spuren gebe – und damit eine unendlich große Anzahl an möglichen Pfaden.

Martin empfiehlt dem Schmidt Max, er solle sich vorstellen, soeben von einem fernen Planeten angereist zu sein und alles voll Entdecker-drang erkunden zu wollen, wiederum mit möglichst allen Sinnen. Die Wangen ins Moos drücken, mit dem Handrücken über Baumrinde strei-chen, das Ohr an die Baumwurzeln halten und lauschen, ob sie sich wirklich unterhalten wie in Christian Morgensterns Gedicht von den zwei Wurzeln:

> *Zwei Tannenwurzeln groß und alt*
> *unterhalten sich im Wald.*
> *Was droben in den Wipfeln rauscht,*
> *das wird hier unten ausgetauscht.*

»Empfangen, schenken, empfangen, schenken« –
gelungene Symbiose Schmidt Max und Baum Nadel

Ein altes Eichhorn sitzt dabei
und strickt wohl Strümpfe für die zwei.
Die eine sagt: knig. Die andre sagt: knag.
Das ist genug für einen Tag.

Freilich kann es passieren, dass man nur die Gesprächspausen mitbekommt …

Martin bittet nun den Schmidt Max, er möge schätzen, wie viele
Sinne der Mensch hat. Der Schmidt Max kommt ins Grübeln. Gab es
da nicht mal eine Sendung über Aufpassen im Straßenverkehr namens
Der 7. Sinn?

Den siebten Sinn ausgenommen, bleiben seiner Ansicht nach sechs
übrig. Aber weit gefehlt! Waldführer Martin hält dagegen, die Wissen-
schaft kenne mittlerweile dreißig: »Raumorientierung – Zeitempfin-
dung – Wahrnehmung der eigenen Körpertemperatur –.« Ebenso die
Symbiose zwischen Mensch und Baum, auch die könne man spüren.

»Du musst den Baum nur umfassen, Schmidt Max, und anfangen,
ganz entspannt zu atmen, bis dein Nerv der Ruhe aktiviert ist. Der Pa-
rasympathikus. Und jetzt: Beim Einatmen atmest du den Sauerstoff ein,

der von diesem Baum gespendet wird. Beim Ausatmen schenkst du
dem Baum Kohlendioxid zurück. Einatmen – ausatmen – empfangen
– schenken –.«

Der Schmidt Max versucht's.

»Ma braucht scho a bissl a Vorstellungskraft, also, so is des net, gell.«

»Ungewohnt?«

»Ja, ungewohnt.«

»Ja, des is schon was, was ma net so normalerweise macht, deswegen
is des im ersten Moment a bissl a Herausforderung sogar.«

»Jaja, ma muss scho sich a bissl aufmachen da oben und was zulas-
sen und amoi ...«

»Da packen, da aufmachen!«

Rein äußerlich betrachtet, ist nicht viel geschehen, und doch nähert
sich allmählich der Abend, der eben jene kleine Kostbarkeit zum Abschluss in sich birgt, die Martin am Morgen angekündigt hat – das
Komorebi. Nicht etwa, wie der Schmidt Max befürchtet, eine kompli-
zierte asiatische Körperverrenkung, sondern schlichtweg das Licht, das
die sinkende Sonne durch die Baumkrone sendet. Oder: Sonnenlicht,
das durch die Blätter der Bäume fällt. Und der Schmidt Max bekommt
eine seelische Verdauungspause bis zum nächsten Morgen.

Anderntags begibt er sich mit Martin nach Partschins, um die höheren
Weihen des Waldbadens zu erfahren: das alpine Waldbaden in 1 300 Metern Höhe, zu dem sie per Seilbahn anreisen.

Auf dem Weg nach oben versucht der Schmidt Max alle Fragen
loszuwerden, die ihm über Nacht gekommen sind. Was denn die Leute
so sagen übers Waldbaden und wer den Martin so alles aufsucht. Die
Antwort mutet ihn wieder sehr japanisch an: Die Menschen aus der Arbeitswelt seien es, die zu ihm, dem Waldflüsterer, Waldprediger oder
Waldpapst kämen, um einen Weg zu finden, mit dem zunehmenden
Leistungsdruck fertigzuwerden. Viele Stressflüchtlinge würden natürlich
auch bei Waldbadescharlatanen landen, die gerade mal einen Wochen-
endkurs absolviert hätten, und nicht bei ausgebildeten Waldgesundheits-
trainern, wie er, Martin, einer sei. Und da gehe es um mehr, als einfach
nur Stress im Wald abzuladen wie auf einer Müllkippe, sondern um die

Rückführung des Menschen zur Natur – »wusstest du, Schmidt Max, dass der Durchschnittserwachsene mittlerweile über zehn Stunden täglich vor Bildschirmen sitzt? Und dass die Hälfte der Kinder in der westlichen Welt weniger Zeit im Freien verbringt als ein Strafgefangener in Amerika? Aber jetzt auf zur nächsten Übung: Barfuß laufen.«

Gehorsam zieht der Schmidt Max seine Schuhe aus.

»Einfach amal irgendwo hingehen jetzt?«

Gehen, bestätigt der Martin, und die verschiedenen Untergründe spüren. *Grounding* laute der Fachterminus.

»Also Grundeln?«

»Erden. Den Grund berühren. Und weißt, warum? Die Erdoberfläche«, doziert er, während der Schmidt Max verzweifelt nach Moos für seine baren Füße sucht, »die Erdoberfläche ist eigentlich als elektrisches Feld negativ geladen, und unser Körper ist positiv geladen. Und wenn wir einmal die ganzen künstlichen Sohlen wegnehmen und direkten Kontakt mit dem Boden aufnehmen, dann absorbieren wir diese

Die therapeutischen Effekte des Waldes sind umso stärker, je weiter er außerhalb liegt – wie hier in Partschins im unteren Vinschgau

Die wohltuenden Auswirkungen des Groundings sind unbestritten,
aber »genau da, wo i's Moos ham will, is koans«

Elektronen, und das ist sehr gesund. Es entspannt das Nervensystem
und stabilisiert das Immunsystem. Steinzeitmedizin.«

Nach intensiver Fußmassage durch Waldboden schlägt der Martin
einen Bogen von der Steinzeit zur Philosophie.

»Kennst du vielleicht den Blaise Pascal? Den französischen Philo-
sophen? Der hat einmal einen unglaublich passenden Spruch gesagt:
›Die meisten Probleme des Menschen rühren eigentlich daher, dass wir
heutzutage nicht mehr in der Lage sind, für längere Zeit einmal mit uns
selber allein in Stille an einem einzigen Ort zu verweilen.‹«

Damit ist der Weg zur Königsdisziplin des Waldbadens geebnet –
zum *Nicht-tun*, das keinesfalls mit Nichtstun verwechselt werden darf,
wie es auch dem Schmidt Max passiert.

»Also Nichtstun is gar net so einfach, des sag i dir!«

»Bei der Übung geht's nit ums Nixtun, sondern was mir da eigentlich probieren, is des ›Nicht-tun‹. Ist ein großer Unterschied zum Nichtstun! ›Nicht-tun‹ heißt, das pure Sein anzustreben.«

Der Mensch lebt aber wiederum auch nicht vom Nicht-tun allein,
deswegen: Ein kleiner Imbiss zum Abschluss, und sie verlassen den Wald
und damit auch den offiziellen Teil der Tour. Was jetzt komme, sei super

»A bissl a Sauerstoffmangl is gsund« – beim alpinen Waldbaden
kommen positive Höheneffekte dazu

für das Immunsystem, kündigt Martin an, entkleidet sich bis auf eine
Badehose und – weg ist er. Im eiskalt tosenden Gebirgsbach.

»Ich hab keine Badehose dabei!«, ruft der Schmidt Max ihm nach
und denkt dabei Gott sei Dank. »Servus!«

Auf dem Rückweg sinniert der Schmidt Max über mancherlei. Darüber
etwa, dass er nicht nur im Wald, sondern auch in vielen Worten gebadet
hat. Und – ob da wirklich was dran ist an der Sache mit dem Waldbaden. Nicht, dass er nichts davon merken würde, im Gegenteil, er fühlt
sich großartig, aber nachfragen kann man ja einmal.

Also baut er auf der Heimreise kurz entschlossen eine Schleife über
Bad Wörishofen ein, dort, in der Akademie vom *Kneippärztebund*, ist
er ganz bestimmt an der richtigen Adresse. Zwei Experten nehmen sich
Zeit für ihn: Frau Professor Dr. Dr. Angela Schuh, Akademische Direktorin am Lehrstuhl für Public Health der Uni München, und Herr Professor Dr. Dr. Eberhard Volger, Kardiologe und wissenschaftlicher Leiter
in Bad Wörishofen.

Frau Schuh stellt zunächst klar, dass ein Wald nur dann ein Wald
ist, wenn er möglichst weit außerhalb der Stadt und mindestens

»Ma braucht scho a bissl a Vorstellungskraft«, aber dass Langsamkeit ein zentrales Element des Waldbadens ist, kommt dem Schmidt Max entgegen

Buchtipp
Karin Greiner u. Martin Kiem, Wald tut gut! Stress abbauen,
Wohlbefinden und Gesundheit stärken, AT Verlag 2019

vierhundert Meter von der nächstgelegenen Straße entfernt liegt. Halte man sich in einem solchen Wald ungefähr viermal die Woche jeweils mindestens zwei Stunden lang auf, so stelle sich bald eine beruhigende, entspannende Wirkung ein, und auch der Schlaf werde besser. Im alpinen Wald geselle sich der leichte Sauerstoffmangel dazu, der den Körper fordert und zu einer Steigerung der Leistungsfähigkeit führt, und so könne sie dem Schmidt Max wirklich nur raten, sich möglichst oft im Wald aufzuhalten, so er einen in der Nähe hat. Herr Volger hat dem nur noch hinzuzufügen, dass sich durch die Verminderung der Stresshormone der Blutdruck reguliere, auch bei Bluthochdruckpatienten, und das Immunsystem gestärkt werde.

Nur: ob *Komorebi*, *Shoshin* und *Shirin Yoku* ebenfalls eine Rolle spielen, davon sagen sie nichts. Also kann man vielleicht doch auch einfach nur so in den Wald hineingehen und sich wohlfühlen? Und ob der Mensch nun wirklich dreißig Sinne hat – dies zu fragen, merkt der Schmidt Max auf dem Heimweg nach München, hat er leider schlicht und einfach vergessen. ◊

Frontier Wellbeing, Martin Kiem
Mairhof 38b
39010 Tisens (Südtirol / Italien)
www.frontierwellbeing.eu

Prof. Dr. Dr. Angela Schuh
https://ihrs.ibe.med.uni-muenchen.de

**Ärztegesellschaft für Präventions-
medizin und klassische Naturheil-
verfahren Kneippärztebund e. V.**
www.kneippaerztebund.de

VOM REIZ DER KÄLTE:
W-w-w-wi-hinter schwimmen

Schmidt Max ist insgesamt ein schöner Beruf, bei dem man viel herumkommt, doch verlangt er auch die Bereitschaft, jedwede Herausforderung anzunehmen und auch mal ins kalte Wasser zu springen. Dass dies zuweilen wörtlich zu verstehen ist, hat ihm jedoch vorher keiner gesagt. Selbst dann nicht, als man ihn nach Burghausen schickte; dort gebe ein sogenannter Extremschwimmer namens Christof Wandratsch irgendwelche Winterschwimmkurse, das solle er sich mal ansehen.

Was sich der Schmidt Max seit seiner Ankunft in Burghausen ganz besonders intensiv und nicht nur einmal angesehen hat, ist nicht die berühmte Burganlage, sondern das Thermometer, mit dem er die Wassertemperatur des Wöhrsees misst. Sie beträgt gnadenlose 3,5° C. Schwer vorstellbar, sich da hineinzubegeben. Und wozu überhaupt? Für die Fitness? Der Schmidt Max ist fit wie ein Turnschuh. Fürs Immunsystem? Der Schmidt Max kann sich gar nicht mehr daran erinnern, wann er das letzte Mal einen Katarrh hatte.

Christof Wandratsch – »ihr könnt einfach Wandi sagen« –, der Extremschwimmer, dem er sich gemeinsam mit einer kleinen Gruppe zum Schwimmcamp angeschlossen hat, stellt in Aussicht, dass man als gestählter Winterschwimmer jederzeit und überall das ganze Jahr lang schwimmen gehen könne, ob im Januar oder im Juli, ob bei zwei oder bei 25 Grad. Und wenn sich auf dem Wasser eine kleine Eisschicht befinde, dann sei es eine Mordsgaudi, Eisbrecher zu spielen. Auch könne man in Zukunft auf den Frühstückskaffee verzichten, weil Eisschwimmen noch viel nachhaltiger munter mache.

Nun ist der Wandi hörbar ein Franke. Es sieht also so aus, als habe man in Franken eine ganz andere Vorstellung von Gaudi als südlich des Weißwurstäquators, der möglicherweise in Wahrheit ein Gaudiäquator ist. Außerdem liebt der Schmidt Max seinen Frühstückskaffee. Aber so sind sie wohl, die Franken: gehen im Winter in Flipflops spazieren, treiben sich im eiskalten Wasser herum, trinken danach keinen Kaffee und reden sich ein, dass sie dabei auch noch Gaudi haben. Ob das am Protestantismus liegt?

Die essenzielle Frage indes bleibt: »Wenn i da neigeh – komm i aa wieder naus? Egal, wie alt, wie jung?«

»Jeder kommt rein und wieder raus, wenn er nix am Herzen hat«, beruhigt ihn der Wandi. »Und net vergessen: Am Anfang lieber nur kurz rein und wieder raus als maana, ma muss ewich lang da drin bleim. Macht euch bitte keinen Stress und Druck, dass ihr jetzt da was

Ein Drittel der Körperwärme verliert man bekanntlich über den Kopf – ganz so schlimm, wie der Schmidt Max tut, kann's also nicht sein …

beweisen müsst. Jeder entscheidet, wie oft er reingeht, wann er reingeht, und wie lange er reingeht.«

Dies wiederum, findet der Schmidt Max, während er die Aufwärmübungen mitmacht, klingt sehr akzeptabel. Am besten wird wohl sein, die Verweildauer im Wasser der Temperatur anzupassen und exakt 3,5 Sekunden drinzubleiben. Ach was – 3,5 Millisekunden!

Jetzt aber ab in die Umkleidekabine. O mei, die alte Badekappe – ob die auch wirklich fürs Eisschwimmen taugt? Lieber noch einmal nachfragen.

»Ja, die bassd scho! Aber hast deine Ohrenstöpsel scho drin? Die sind genauso wichtig wie a Bademützn, damit du ka Ohrenentzündung kriegst, und fürn Kopf is des auch a psychologischer Effekt, du sagst, ich schütz mein Kopf, dass da möglichst wenig kaltes Wasser hingeht, und dass da kein kaltes Wasser innen reingeht, des is ganz wichtig. Deswegen auch Brille! Hast a gscheite Brilln dabei, Schmidt Max?«

»Ja, glaub schon, äh, i schau no amoi ...«

»Ganz ruich bleim! Des kriengmer scho!«

»Und meinst nicht, dass ich eventuell besser so einen Neoprendingda anzieh vielleicht ...?«

»Fang des gar net erst an mit so an Neoprenanzug! Da schützt du den ganzen Körper, aber an den Fingern und Zehen, wo es eh schon extrem kalt ist, wird's durch den Neoprenanzug noch einmal kälter. Also, noch einmal: Ohrenstöpsel, dass ka Wasser in Gehörgang neigeht, und ...«

»Alles klar!«

Endlich sind alle so weit und begeben sich zum Schwimmbecken. Auch der Schmidt Max. Gewandet in eine unschlagbare Heldenkombination: Badehose fränkisch rot-weiß gestreift, Badekappe bayerisch weiß-blau.

»Und jetzt«, kommandiert der Wandi, »auf ins Wasser, geht zügig rein! Das sind die ersten Schritte zu unserem großen Ziel, 25 Meter schwimmen im Eiswasser. Ruhig bleiben, schön aus dem Bauch raus atmen! Keine hektische Atmung machen, keine hektischen Züge!«

Leichter gesagt als getan, findet nicht nur der Schmidt Max. Man hat zu kämpfen, dass einem nicht die Luft wegbleibt.

Der Mann, der auch im Winter Flipflops trägt – so bekleidet sieht man Extremschwimmer Wandi nur selten

»So, und wer will, kann jetzt rausgehen.« Wie viel Zeit ist vergangen? Eine Viertelstunde? Oder doch erst 3,5 Sekunden? »Jeder entscheidet selber, wie weit er geht! Sehr gut, subber!«

Er hat also wirklich überlebt, der Schmidt Max, wie er zu seiner Überraschung feststellt. Ebenso die anderen.

Doch auch das Aufwärmen ist eine Hürde, die richtig genommen werden will, nein, muss.

»Du hast edds amal den Wasserkontakt ghabt«, resümiert der Wandi, »du merkst, du lebst hinterher aa no, du konntest selber rausgehen, und edds gehst ganz ruhig in die Wärmekabine, aber pass obacht, die Finger sind eiskalt. Das kalte Blut darf nicht zu schnell in den Körper reinschießen, weil, sonst wirds kritisch. Langsam aufwärmen!«

»Also is des draußen noamoi gfährlicher als drin im Wasser, oder ...«

»Du derfst des bloß net unterschätzen. Des Aufwärmen hinterher muss langsam vonstattengehen, weil, da sinkt die Körpertemperatur erst einmal nochmal ab, deswegen kömmer uns da jetzt noch a weng unterhalten.«

»Des hoaßt, i wärm mi jetzt scho auf, praktisch«, bibbert der Schmidt Max am Beckenrand.

»Ganz genau«, gibt der warm angezogene Wandi zurück, »du wärmst dich jetzt schon langsam auf. Und darfst jetzt auf keinen Fall in den Badezuber gehen, der 40 Grad hat.«

»Aa net duschen jetzt?«

»Nein, ganz langsam aufwärmen!«

»Und des Zittern is guat?«

»Des is ganz wunderbar, des Kältezittern, der Körper holt sich die Energie zurück. Grundsätzlich musst immer darauf achten, Schmidt Max, wenn du ins Eiswasser gehst, brauchst Zeit, aa wennsd bloß 20 Sekunden drin bist. Du musst dir hinterher die Zeit nehmen zum Aufwärmen! Net alles in Hektik machen, dass ich sag, ich hab fünf Minuten, da hüpf i nei und raus und los geht's – ganz gefährlich. Ruhe bewahren!«

Für den nächsten Tag, Samstag, empfiehlt der Wandi, man solle sich doch gleich mal beim Burghauser *Ice-Cup* umsehen, der justament an diesem Wochenende stattfindet. Bei diesem Schwimmfestival sind alle Altersklassen, Schwimmstile und Kategorien, von Anfänger bis Profi, vertreten.

Der Schmidt Max sieht und hört sich am nächsten Tag auch wirklich um. Schön warm angezogen, versteht sich. Von den Jüngeren hört er die Antwort, sie machen bei den 25 Metern mit, weil sie's »cool« finden. Profis wie Christof Wandratsch dagegen wollen sich auf 1 000 Meter mit der internationalen Konkurrenz messen. 1 000 Meter, das bedeutet circa zwölf Minuten Schwimmzeit in dem coolen, nein, saukalten Wasser, in dem der Schmidt Max vielleicht gerade einmal eine halbe Minute verbracht hat. Und dann, so beobachtet er, verbringen die Schwimmer mindestens eine halbe Stunde damit, sich wieder warmzuzittern. Das soll gesund sein?

»Das ist die ganz normale Körperreaktion«, sagt ihm Frau Dr. Fankhuber, die den *Ice-Cup* medizinisch betreut, »dass die Muskulatur kontrahiert und damit Wärme erzeugt.«

»Aha. Guat, also, wenn ma nimmer zittert, dann is schlecht, aber solang ma no zittert, dann is guat. Und wenn i des so zwei- bis dreimal die Woch mach, hat des an Effekt für mei Gsundheit?«

»Ja, schon. Das ist ein Training für Gefäße, eine Stärkung des Immunsystems, aber es ist nicht für jeden geeignet. Ich würd sagen, wenn man von Haus aus schon einen Widerwillen gegen das kalte Wasser hat, dann ...«

Aber wer hat den nicht, überlegt der Schmidt Max und beschließt, den Wandi in Augenschein zu nehmen, der sich nach seinem 1 000-Meter-Wettkampf mit sichtlich gequälter Miene in der Aufwärmphase befindet. Genauer gesagt: In der fortgeschrittenen Aufwärmphase, im Aufwärmzuber. Bei seinem Anblick fallen dem Schmidt Max nur zwei Worte ein: »Du spinnst!«

»Na ja, aber ich bin ja net der Einzige, der des macht. – Edds habbi endli aa widder a Gfühl in die Finger, des is am Anfang wie Nadelstiche, tausend Nadelstiche, wennsd da neigehst, da musst langsam die Händ ins warme Wasser tun und wieder raus, dass des wirklich ganz langsam geht.«

»Gibt's irgendwann einen Moment, wo du sagst: Jetzt mag ich eigentlich gern raus?«

»Naa, während dem Rennen denk i an sowas net, da binni konzentriert glei vom ersten Meter an.«

Wenn die Schollen zur Rettungsboje und die Schwimmer zu Eisbrechern werden: »ein hervorragendes Erlebnis«, ganz eindeutig

»Und du hast danach aa nix mehr denkt, wie du naus bist?«
»Naanaa, da war i froh, wie i ferdich war.«

Als der Wandi sich von den Strapazen erholt hat, kann am Nachmittag
gegen 17 Uhr im Hallenbad bei gemütlichen 28° C das Techniktraining
folgen, immer mit dem Ziel der saukalten 25 Meter im Blick, die der
Schwimmcamp-Gruppe am nächsten Tag bevorstehen. Da darf man
sich nicht hindurchschlampen, »denn du willst ja«, so Wandi, »im kalten Wasser schauer, dass du die 25 Meter, was des Ziel is für jeden, möglichst schnell hinter dich bringst. Da brauchst du a saubere Technik.«

Zur besseren Erläuterung nimmt er den Schmidt Max als Demons-
trationsobjekt. Ist verständlich – es gibt ja auch weit und breit keinen
Wohlgeformteren als ihn.

»Je besser die Hand im Wasser stehenbleibt, umso besser kann ich
mich vorbeiziehen. Je beweglicher ich hier im Schultergelenk bin, umso
besser is des Ganze. Dann noch darauf achten, dass des Handgelenk net
so laschi hin- und herwackelt, sondern schön festmachen. Unterarm,

Im Aqua Camp lernt man nicht nur die richtige Technik, sondern auch,
was so alles eine »normale Reaktion« des Körpers sein kann

Handfläche – eine Fläche! Des da is mei Wasser, und der Max drückt sich da ab, und wenn er sich sauber abdrückt, dann schwimmt er aa schnell seine 25 Meter im Eiswasser.«

»Gibt's an Unterschied zwischen warmem und kaltem Wasser außer der Temperatur?«

»Da gibt's zwei wesentliche Unterschiede: Einmal ist der Kalorienverbrauch in kaltem Wasser natürlich wesentlich höher als in warmem Wasser. Und des andere is, ich hab natürlich, wenn die Wassertemperatur bei 4 Grad liegt, an optimalen Abdruck, denn da is die Dichte vom Wasser am größten, da kann ich wunderbar diesen Wasserwiderstand spüren, festhalten und abdrücken.«

Die Gruppe übt. Erst trocken, dann im Wasser, wo jeder versucht, sich die Temperatur 25° C niedriger vorzustellen. Aber sich Temperatur vorstellen, ist eine schwierige Übung. Weder kann man sich im Sommer Frieren vorstellen, noch im Winter Schwitzen.

Wandi bleibt außerhalb des Beckens, was ihm nach den heutigen Strapazen vergönnt sei, und mahnt zu großen, langen, ruhigen Bewegungen. Die am anderen Tag hoffentlich gelingen werden.

Sonntagmorgen, 8 Uhr. Man könnte halbwegs frohgemut sein, wenn die hinterfotzige Wassertemperatur nicht die Nacht dafür genutzt hätte, um noch weiter zu sinken, auf 1,5° C. Andererseits ist es an der Luft noch kälter, minus 4° C nämlich, sodass das Wasser vergleichsweise warm ist, und genau das, so Wandi, sollen sie sich jetzt auch vorstellen – »ihr geht mit dem Gefühl rein, ich derf in des ›warme‹ Wasser neigeh!«

Dennoch – man hat beim Erstkontakt mit dem Wasser das Gefühl, dass einem zunächst einmal die Luft wegbleibt, stellt die Gruppe einhellig fest, während sie sich tapfer bemüht, die am Vortag geübten langen, großen, ruhigen Bewegungen zu praktizieren. Allerdings kommt dies erst eine halbe Stunde später zur Sprache, beim Frühstückstherapiegespräch; im Wasser ist an Konversation nicht zu denken, und beim anschließenden Warmzittern am Salzachufer auch nur bedingt.

Klar wird im Gespräch, dass nicht nur der Schmidt Max sich bereits beim Aufstehen gefragt hat »warum, wieso i, warum heid, warum überhaupt?«, sondern dass es *jeden* vor dem eisigen Wasser graut und dass jeder eine Zufluchtsvorstellung bemühen muss, sei es auch nur die, wie großartig man sich danach fühlen wird. Oder dass einen nichts mehr stressen wird an dem Tag, weil man ja den größten Stress schon hinter sich gebracht hat. Oder oder oder. Nur der Wandi sagt nichts dergleichen, sodass der Schmidt Max beschließt, ihm unter vier Augen ein wenig auf den Zahn zu fühlen. Dabei fördert er ein überraschendes Bekenntnis zutage.

Er sei nämlich, so Wandi, von Haus aus der klassische Warmduscher. »Meine besten Wettkämpfe hab i in Argentinien bei aner Wassertemperatur von 28 Grad gmacht, außen hat's 40 Grad ghabt, des war mei Welt.«

Wöhrsee
Am Burghauser Wöhrsee – 900 Meter lang, 120 Meter breit, idyllisch gelegen unterhalb der weltlängsten Burganlage – trifft sich die Ice-Swimming-Szene. Dort gibt's alles, was Winterbader brauchen: Umkleiden, abgesteckte Trainingsbahnen, zum Aufwärmen Holzzuber mit warmem Wasser und Infrarotkabinen.

Die Winterbadestelle ist täglich ab 8 Uhr geöffnet. Nur wenn sich auf dem See zu dickes Eis bildet, müssen die Winterschwimmer eine Pause einlegen und in die Salzach ausweichen.

»Wie lang is des her?«

»Des war so in die 1990er-Jahre bis Anfang 2000. Des Eiswasserschwimmen, da bin i erst im Herbst 2013 dazukommen, nachdem i als Erster durch den Bodensee der Länge nach geschwommen bin, und dann hat mein Trainer nach neuen extremen Sachen im Wasser gesucht, und da sind wir aufs Eiswasserschwimmen gestoßen.«

»Aber in des kalte Wasser neigeh is doch einfach greislig!«

»Na ja, des geb i scho zu. Was ich halt mittlerweile weiß, ist, wie geht's mir hinterher, ich bin viel schneller wieder regeneriert, und ich bin hinterher absolut happy, wenn ich rauskomm, was ich gschafft hab, und ich bin scho aa stolz auf mich, und ich finds aa einfach cool, dass ich

Mit den anderen Wahnsinnigen des Kurses – das gemeinsame Ziel:
25 Meter im wahrhaft eis-kalten Wöhrsee

mittlerweile in jedem See, in jedem Fluss schwimmen kann, ob des Wasser null Grad hat oder 30 Grad, des macht mir mittlerweile gar nix mehr aus.«

»Also Kälte im Wasser kann i lernen?«

»Des lernst du.«

Tatsächlich erweist sich das abschließende 25-Meter-Schwimmen am Nachmittag, nachdem man den ersten Kälteschock des Tages bereits überstanden hat, als relativ leichte Übung. Wandis Zuspruch beim Frühstück – »großes Lob an euch, habder subber gmacht!« – wirkt wie ein zusätzliches Doping.

»Die Angst vor der Kälte«, so das persönliche Sonntagabendresümee vom Schmidt Max, »ist eigentlich schlimmer als das Reingehen an sich. Und was i wirklich glernt hab in dene drei Tag: Ruig bleim!« ◇

Aqua-Camps mit Christof Wandratsch
⚐ www.aqua-camps.extremschwimmer.de

Mit dem Aufzug ins Grüne:
SCHWEBENDE GÄRTEN

Jedes Mal, wenn der Schmidt Max durch die Münchner Straßenschluchten radelt, denkt er sich, dass ein bisserl mehr Grün der Stadt nicht schaden könnte. Oder ein eigener Garten in der Stadt, denkt er sich manchmal, das wär's. Natürlich kein spießiger Schrebergarten in einer spießigen Schrebergartenkolonie, wo jeder auf den anderen aufpasst, ob er auch jeden Samstag ordentlich mäht und Unkraut jätet, und wo man einmal im Jahr zu einer Mitgliederversammlung gehen muss. Nein, er stellt sich das eher ganz individuell vor. Und außerdem dürfte so ein Garten nicht weit weg sein. Gleich hinter dem Haus wäre ideal, aber da müsste man erst einmal die Pflasterung rausreißen ... Und wohin dann mit den Mülltonnen? Und den Fahrrädern?

Der Schmidt Max hat das Gefühl, dringend eine göttliche Eingebung zu brauchen, und wirft, Straßenverkehr hin, Straßenverkehr her, einen Blick nach oben. Überraschenderweise fällt er nicht ins Blaue, sondern ins Grüne. Was er nämlich dort oben auf dem Flachdach erspäht, sieht tatsächlich nach Garten aus.

Kurz entschlossen stellt er sein Fahrrad ab und probiert die Klingelknöpfe neben der Eingangstür durch, um Einlass zu finden. Hoffentlich sind nicht ausgerechnet jetzt sämtliche Hausbewohner beim Sonnenbaden in ihrer Dachgartenidylle. Aber er hat Glück. Eine nette Dame, die ohnehin gerade vorhatte, ein wenig zu garteln, lädt den Schmidt Max zur Besichtigung ein und geleitet ihn ins über tausend Quadratmeter große Gartenreich, wo er sich auch alsbald mit der Schubkarre nützlich

»Hat net a jeder« – 1 300 Quadratmeter Dachgarten inklusive
Gewächshaus und Bienenstöcken mitten in München

machen kann. Zur Belohnung winkt eine Grilleinladung am Abend –
Zeit genug, sich anderweitig in der Gartenhochkultur umzusehen. Ist
die Aufmerksamkeit erst einmal fokussiert, so sieht man plötzlich überall nur noch grüne Dachlandschaften, und dies beileibe nicht nur auf
Flachdächern.

Erstaunt hält der Schmidt Max an einem Haus mit begrüntem Tonnen-
dach an. Auf dem möchte er weder grillen noch Schubkarren herumschieben. Gärtnermeister Lars Schellheimer, der dort oben angeseilt wie
ein Bergsteiger agiert, lässt den Schmidt Max hinaufkommen in die
luftig-schräge Höhe und erläutert ihm die Vorzüge der Dachbegrünung,
angefangen bei der gleichmäßig-kühlen Temperatur. Ein unbegrüntes
Ziegeldach muss nämlich Schwankungen von minus 30° bis plus 80° C
verkraften, heizt sich überdies im Sommer auf und bewirkt dadurch,
dass es in der Stadt heißer ist als auf dem Land. Das begrünte Dach
indes speichert nicht Hitze, sondern Regenwasser – und entlastct dadurch die Kanalisation. Und schließlich kommt es ja nicht nur darauf
an, dass der Schmidt Max einen Lebensraum zum Garteln und Grillen
hat, sondern auch darauf, dass Vögel und Schmetterlinge in einer vielfältigen Pflanzenwelt ihr Zuhause finden.

Die zahlreichen Vorteile eines Dachgartens nutzt Lars Schellheimer
auch bei seinem Eigenheim im Allgäuer Wildpoldsried

Wie man jedoch den Unterbau für ein solches Dach legt, kann ihm
der Gärtnermeister nur ansatzweise verraten; er empfiehlt dem Schmidt
Max, er möge doch einmal dort herumradeln, wo gerade gebaut werde –
Dachbegrünung sei in München, wie übrigens auch in Nürnberg, mittlerweile eine Auflage bei Neubauten.

Es dauert tatsächlich nicht allzu lang, bis Schmidt Max' mittlerweile ge-
schulter Blick fündig wird und einen Dachgarten im Aufbau entdeckt.
Dort oben, bei Jürgen Stoewahs und seinem Trupp, kann er endlich die
Frage loswerden, die ihn schon eine ganze Weile umtreibt: Nämlich, ob
es denn völlig ausgeschlossen ist, dass – also, weil, er hat inzwischen
auch hie und da schon Bäume auf Dächern gesehen und sich gefragt,
ob es denn nicht passieren kann, dass – ist vielleicht, zugegeben, eine
ganz saudumme Frage, aber nur einmal angenommen, er, der Schmidt
Max, oder wurscht wer, irgendwer halt, würde im obersten Stockwerk
wohnen, und seine Wohnung wäre zufällig direkt unter so einem Baum –
ob er da nicht eines Tages Wurzeln an der Wohnzimmerdecke hätte?
Oder, schlimmer noch: an der Schlafzimmerdecke. Da könnte man dann,
wenn man in der Früh aufwacht, am End gar noch aus einem Albtraum,

Dachdecker der Firma Stoewahs legen in München eine wasserfeste und wurzeldichte Abdeckung

irrtümlich denken, dass man tot wäre – bloß weil man die Wurzeln von unten sieht.

Die Dachdecker tauschen einen kurzen Blick miteinander und lassen den Schmidt Max zunächst einmal den absolut wurzelfesten und wasserdichten Untergrund inspizieren, den sie legen. Zeigen ihm dann die Schichten, die da noch draufkommen: ein Schutzvlies, eine Drainage, ein Filtervlies und abschließend eine Zwölf-Zentimeter-Schicht Substrat aus – nein, nicht wie der Schmidt Max meint »Pflanzenerde mit ein paar Ziegelsteinen drin« – Lava, Grünkompostschnitt, Ziegelschnitt, Blähschiefer und Blähton.

Zum Abschied nimmt er noch einen Geheimtipp von ihnen mit – in der JVA Stadelheim solle er sich einmal umschauen, auch da habe man mittlerweile grüne Dächer, wenngleich nicht unbedingt für gemütliche Grillabende.

Aber vielleicht für ein angenehmes Haftklima?, sinniert der Schmidt Max auf dem Weg, was ihm Gefängnisdirektor Michael Stumpf zumindest teilweise bestätigen kann, als sie auf dem grünen Dach der JVA stehen.

Wo früher heiße Kieswüste war, ist heute viel Grün: auf einem Dach der JVA Stadelheim mit den Herren Tichy und Stumpf

»Genau hier, unter unseren Füßen, war im Sommer früher eine heiße Kieswüste. In den Büros hat sich die Hitze gestaut. Wir haben hier überwiegend Gebäude aus den Sechzigern und Siebzigern, Beton, schnell hochgezogen, mit allen typischen Mängeln von damals. Die Begrünung tut den Beamten wie auch den Gefangenen gut.«

Nur – *zu* gut tun darf sie Letzteren wohl auch wieder nicht. Sprich: Sämtliche Rasenflächen müssen kurz gehalten werden, damit sich keine über die Mauer geworfenen Handys oder untersagte Päckchen in ihnen verbergen können, und auf schattenspendende Bäume muss man verzichten – könnte ja einer raufklettern und sich per Fluchthubschrauber abholen lassen.

Aber eine Gefängnisleitung sollte sich dennoch bemühen, zumindest im kleinen Rahmen für ein wenig Glück zu sorgen. Gern erzählt Herr Stumpf die Geschichte vom Sommer 2017, als die JVA Regensburg wegen eines Fliegerbombenfunds auf einer benachbarten Baustelle evakuiert werden musste. Die daraufhin in München einquartierten Regensburger »Gäste« hätten sich im Innenhof sofort die Schuhe ausgezogen, seien barfuß über die Wiese spaziert oder gejoggt oder hätten sich ins Gras gelegt – und Herr Stumpf fühlt sich spätestens seitdem mit seinen Maßnahmen auf dem richtigen Weg eines humanen Strafvollzugs.

Zuständig für die Grünpflege ist übrigens Herr Tichy – als Gärtnermeister in Uniform gewiss eine Rarität, denn so grün wie in Stadelheim
geht es längst nicht in allen JVAs zu. Er ist gerade mit einem von Schmidt
Max' Angstgegnern beschäftigt und entfernt ein noch zartes Pflänzchen,
das einmal eine Eiche geworden wäre und als solche im Lauf der Jahrzehnte vielleicht vom Dach bis in den Keller Wurzeln getrieben hätte,
durch Aktenschränke und Schreibtische hindurch.

Der Schmidt Max zieht weiter. Allmählich meldet sich Hunger. Ein paar
Grillwürstel für den Abend könnte er ja schon mal besorgen. Doch als
er in der Metzgerei die weißgekachelte Wand anstarrt, als sich die wei
ße Wand plötzlich in eine grüne Wand verwandelt, merkt er, dass ihn
der Grünbazillus erwischt hat. Ist er denn nicht erst vor ein paar Minuten an begrünten Fassaden vorbeigeradelt? Auch die wird er sich noch
näher ansehen. Beinah hätte er beim Rückzug aus der Metzgerei »grün,
grün, grün sind alle meine Wände …« gesungen. Aber nur beinahe.

Auf jeden Fall wird er sich noch einen Wandbegrüner schnappen.
Und den findet er vielleicht am besten, indem er noch einmal ein Stück
zurückradelt und sich erkundigt, wer die Fassadenbegrünung übernommen habe. Aber was steht da auf dem Transporter, der vor einem Schulhaus parkt? *Vertikalbegrünung* unter anderem. Schnell hinein, bevor
der Gärtner Feierabend macht. Und ebenso schnell zeigt sich auch: Grüne Wände sind noch einmal eine ganz andere Nummer als grüne Dächer – nicht nur, weil die Vertikalität mit »Schubkarre herumschieben
und gemütlich am Grill herumsitzen« so rein gar nicht kompatibel ist.

Yannic Brandhorst, der mit seinem Familienbetrieb *Vertiko*, wenn's
darauf ankommt, ganze Häuser grün verpackt, erklärt dem Schmidt
Max, dass so ein Senkrechtgrünstreifen an hohen Wänden quasi mehrere Klimazonen durchquert – von, wie hier, hell und trocken oben am
Dachfenster bis, vergleichsweise, dunkel und feucht im Erdgeschossbereich. Dies gelte es bei der Bepflanzung zu berücksichtigen. *Asparagus
Plumosus* unten, *Aeschynanthus Mona Lisa* oben. Und um eine appgesteuerte Be- und Entwässerungsanlage komme man nicht herum.

Auch »sakrisch hohe« vertikale Innenwände kann man begrünen,
wie zum Beispiel hier, in der Grundschule Puchheim

Die Wurzelfrage kommt dem Schmidt Max hier nicht in den Sinn – einen horizontal in die Wand hineinwachsenden Baum vermag er sich gar nicht vorzustellen. »Aber«, will er wissen, »aber was hab ich eigentlich von so einem Stück Natur, das wie eine Mona Lisa an der Wand hängt?«

Ein stets angenehmes, wohltemperiertes Raumklima, bekommt er zur Antwort. Und je nachdem, was angepflanzt sei, ein gutes Raumaroma dazu.

Aroma ist das Stichwort. Dem Schmidt Max steigen unversehens Grillaromen in die, sozusagen, innere Nase, und er nimmt Abschied, um die letzte Station des Tages aufzusuchen, die bereits seine erste war. Er war ja mit den tausend Quadratmetern eh auch noch nicht ganz durch.

Parzellierungen wie in einer Schrebergartenkolonie gibt's hier auf dem Flachdach zwar auch, stellt er fest. Aber jeder kann in seinem heckenumgebenen Gartenzimmer ganz nach seinem Gusto garteln. Christa beispielsweise umgibt sich mit Wildkräutern, Daniel betreut ein Insektenhotel, und das Landkind Petra hegt einen Nutzgarten inklusive Gewächshaus und baut Gurken, Tomaten und Auberginen an.

»Ist aber eine ganz andere Gschicht als auf dem Land. Die Temperaturen sind da oben ganz anders, und vor allem der Wind weht gscheit, das mögen die Gurken nicht so gern.«

Am Ende seiner Gartenbesichtigung entdeckt der Schmidt Max doch noch einen Baum. »Muss man sich da keine Sorgen machen, dass drunter irgendwann die Wurzeln durch die Zimmerdecke wachsen?«

»Das«, so Christa, »ist eine Ölweide. Und Ölweiden sind bekanntlich Flachwurzler.«

»Und die selber weiß auch, dass sie ein Flachwurzler ist?«

»Das weiß die. Du wirst doch keine Wurzelphobie haben, Schmidt Max?«

Das würde er so auch wieder nicht sagen, meint der Schmidt Max, aber er muss sich heute schon den ganzen Tag vorstellen, wie das wäre, wenn man eines Tages aufwacht, nach oben schaut und über sich Wurzeln sieht, Radieschen vielleicht auch noch dazu ... »Und dann kriegt man gleich einen solchen Schreck, dass man wirklich ins Jenseits hinübersegelt. Wär doch saudumm, wenn man stirbt, bloß weil man Wurzeln von unten sieht – oder?«

Eine Hand legt sich auf seine Schulter.

»Schmidt Max, ich glaub, du brauchst ein Bier«, sagt Insektenfreund und Bienenzüchter Daniel. »Und überhaupt – wo hast denn eigentlich dein Grillzeug?«

Auweh zwick – das hat der Schmidt Max komplett vergessen. Dabei war er doch schon in einer Metzgerei angestanden heute. Aber das kommt eben, wenn man den ganzen Tag über Grünzeug statt Grillzeug nachdenkt. ◇

Die beste
PIZZA DER WELT

Vorzubereiten sind

1 Schmidt Max | 1 gewisser Giuseppe Conte, »Pino« genannt, ausgewiesener Weltmeister im Pizzabacken | 1 Pizzaschule in Sirmione am Gardasee

Zutaten
(für 5 Personen)

Teig: 1 kg Weizenmehl (Typ 00) | 570 ml kaltes Wasser | 1(!) g Frischhefe | 50 ml Olivenöl (nicht irgendeins, sondern natürlich nur natives Olivenöl extra) | 30 g Meersalz (nicht jodiert)

Sugo: Olivenöl (Menge nach Belieben; Qualität siehe oben!) | 1 (rote) Zwiebel, fein geschnitten | 2 Karotten, klein gewürfelt | 1 Knoblauchzehe | 2 kg Tomaten (San Marzano) | 500 ml Wasser | Salz, Pfeffer | Basilikum | (+ Geheimtipp: 1 gekochte Kartoffel)

Für den Belag: Frischer Basilikum | Mozzarella | Weitere Zutaten nach Belieben (Rohschinken, Rucola, Schwammerl, Fenchel, Zucchini etc.)

Außerdem (Achtung: Mindestangaben!): 1 Fl. Lugana vom Südufer des Gardasees | 1 Fl. Bardolino Classico | 1 gasbefeuerter Profiofen (wenn man keinen hat: 1 Kugelgrill)

Zubereitung

Man nehme den Schmidt Max, bringe demselben binnen drei Tagen eine Art Pidgin-Italienisch bei, kleide ihn fesch ein, damit er sich in Italien blicken lassen kann, und schicke ihn nach Bardolino am Gardasee, wo der Conte Giuseppe alias Pino das Lokal *La Conchiglia* betreibt. Dort lasse man den Schmidt Max 1 Pizza probieren, damit er Feuer fange und sich in der Pizzaschule in Sirmione vom offiziell ausgezeichneten Pizzabäckerweltmeister Pino willig das Pizzabacken beibringen lasse.

Man lasse den Schmidt Max weiterhin unter Pinos Anleitung in der Pizzaschule Mehl und Wasser zusammenrühren und zu einer Art Vulkan formen, genauso wie er es bereits bei der Zubereitung des Zwetschgenblootz (siehe Seite 20) gelernt hat. In die Vertiefung des Vulkans lasse man den Schmidt Max noch ein bisschen Wasser, die Hefe und das Olivenöl hineingeben. Nach weiterem Kneten der Teigmasse befehle man dem Schmidt Max, den Teig flach auszubreiten und mit Meersalz zu bestreuen, dann lasse man ihn eine Art Kloß daraus formen.

Für die perfekte italienische Pizza muss man gar nicht nach Neapel: Pizzaweltmeister Pino gibt Kurse in Bardolino am Gardasee

Die Datteltomaten und die anderen Zutaten sind am besten frisch vom
Markt – hier von dem in Sirmione

In der folgenden Stunde, die der Teig zum Gehen braucht (in Plastik-
folie gehüllt, um Austrocknen zu vermeiden), halte man den Schmidt
Max durch Verabreichen von ¼ l Lugana bei Laune.

Nach Ablauf der Stunde lasse man den Schmidt Max den Teig in
fünf circa gleich große Teile zerlegen und jeden Teil wiederum zu einer
Art Kloß kneten. Dabei hindere man ihn nicht daran, von Pino Aus-
künfte zu erheischen, die von Nutzen sein können, beispielsweise, dass
das nunmehr erreichte Stadium das geeignetste sei, um den Teig gegebenenfalls zum späteren Gebrauch einzufrieren.

Zur Überbrückung der nunmehr anstehenden mindestens 9-stündi-
gen Gehzeit des Teiges empfiehlt es sich, den Schmidt Max zur kontem-
plativen Betrachtung des malerischen Sonnenuntergangs am Seeufer
zu platzieren und ihm den restlichen Lugana zu reichen.

Am folgenden Tag schicke man ihn auf den Markt, um die Zutaten für
das Pizza-Sugo zu besorgen, und lasse ihn nach dem Einkauf zuerst die
Zwiebel fein schneiden und in Olivenöl goldbraun anbraten. Sodann

trage man ihm auf, die Karotten und den Knoblauch, ebenfalls klein-geschnitten, dazuzugeben; anschließend die Tomaten sowie einen halben Liter Wasser.

Ist dies geschehen, folgt der Geheimtipp, um dessentwillen man den Schmidt Max extra hat in die Pizzaschule reisen lassen, nämlich die Beigabe einer gekochten Kartoffel. Sie erfüllt den Zweck, durch Bindung des Wassers für eine cremige Konsistenz des Pizza-Sugos zu sorgen und fügt außerdem eine leichte Süße bei.

Alsdann richte man dem Schmidt Max seine Aufmerksamkeit wieder auf den Teig.

Wichtig beim Ausformen des Pizzabodens ist eine kreisförmige Bewegung beider Hände, die einer Uhrzeigerbewegung von 9 Uhr nach 2 Uhr entspricht, in Italien auch als *Ciao-ciao!*-Handbewegung bekannt. Man achte darauf, dass sich der Schmidt Max einer wiederholten und sorgfältigen Ausführung befleißige.

Pinos Familienrezept ist schon seit über 100 Jahren in Gebrauch – für die Umsetzung braucht die Hausfrau quasi nur »cinque minuti«

Nunmehr schaffe man dem Schmidt Max an, das fertig geköchelte Sugo zu pürieren, mit Salz, Pfeffer und Basilikum abzuschmecken, auf dem Pizzaboden zu verstreichen und einige Basilikumblätter daraufzulegen; auch an einer weiteren Gabe Olivenöl lasse er es nicht fehlen. In diesem Arbeitsstadium zeigt sich die Güte der verwendeten Tomaten respektive des Sugos durch ein sattes Rot; eine Orangeverfärbung am Rand hingegen deutet auf mindere Qualität hin.

Als Nächstes mache man den Schmidt Max darauf aufmerksam, dass der einzige auf einer Pizza erlaubte Käse Mozzarella sei, da für die Herstellung desselben ausschließlich Milch mit dem vollen Sahnegehalt verwendet werde. Dies bewirkt – neben geschmacklichen Qualitäten –, dass er beim Backvorgang besser zerläuft und keine braune Farbe annimmt.

Auch merke sich der Schmidt Max, dass Melonen, Erdbeeren oder Ananas nach Ansicht des Weltmeisters Pino in eine Torte gehören, keineswegs jedoch auf eine Pizza. Ausdrücklich empfohlen hingegen sind Zutaten wie roher Schinken, Rucola, Schwammerl, Fenchel, Zucchini.

»Keine Gouda, keine Emmentaler … naa, naa, naa, Mozzarella!« – beim Käse (und dessen Fettgehalt) darf's keine Kompromisse geben

»Tschuldige meine Deutschland!« – »Mi dispiace per la mia Italia!«,
die Pizzaioli Guiseppe und Massimiliano sind auch Sprachkünstler

Verfügt man nicht über einen gasbefeuerten Profi-Ofen, so schicke man den Schmidt Max in einen Baumarkt und lasse ihn von dort einen Kugelgrill nebst heißbrennender Spezialholzkohle mitbringen. Ist der Pizzastein auf 300° C aufgeheizt, so steht dem Verzehr der Pizza nach circa 8 Minuten Garzeit bei geschlossenem Grill nichts mehr im Wege.

Man öffne nun die Flasche Bardolino Classico, schenke auch dem Schmidt Max ein Glas davon ein und nehme ihm etwaige großspurige Äußerungen wie etwa »Klar is des die beste Pizza der Welt – hab ja aa i gmacht!« keineswegs übel. ◊

Infos zur Pizza-Schule von Conte und Kollegen
↗ www.scuolaitalianapizzaioli.it
↗ www.erlebnisreisen-cultrona.de

Nerven wie Drahtseile:
ÜBERNACHTEN
IN DER STEILWAND

Es gibt Tage, da fragt sich der Schmidt Max, ob ihn sein Publikum wirklich liebt. Tage wie heute zum Beispiel, an denen es entscheiden darf, wohin dem Schmidt Max seine nächste Reise gehen soll. Es hätte ihm eine Genussreise gönnen können zu unterfränkischen Winzern oder oberfränkischen Brauern. Es hätte sich auch für die Sparte *Wissen* entscheiden können – mit Experten plaudern und zwischendurch dumme Fragen stellen ist eine seiner leichtesten Übungen. Aber nein, das Publikum hat sich für diese Jubiläumssendung für *Abenteuer* entschieden, genau gesagt: *Übernachten in der Steilwand.* Mit anderen Worten: Es will selber gemütlich auf dem Sofa sitzen und bei einer Tüte Kartoffelchips zusehen, wie der Schmidt Max in den sicheren Tod stürzt.

Zwei Stunden dauert die Autofahrt von München nach Pfronten im Ostallgäu, zum Waldseilgarten Höllschlucht. Zeit genug also, um innerlich mit dem Leben abzuschließen und sich auf gleichmäßige Atmung zu konzentrieren, um die Panikattacken niederzukämpfen. Gar nicht auszudenken, sinniert der Schmidt Max voll Ingrimm, wohin man ihn geschickt hätte, wenn es die Sparte *Zeitreise* gäbe. Mutmaßlich als Gladiator in eine Löwenarena.

Am Ziel angelangt, begrüßt er auch prompt seinen Sterbebegleiter, pardon, den staatlich geprüften Bergführer Thomas mit den Worten »moriturus te salutat!«

»Bitte?«

»Ah, nix, haha. Servus woit i sagen. Servus!«

Thomas Osterried, der im Übrigen auch gelernter Werkzeugmacher ist, ahnt, wie es um den Schmidt Max bestellt ist, und will ihn Schritt für Schritt an die Steilwandherausforderung heranführen. Das Übungspodest in einem Meter Höhe indes, das sich der Schmidt Max ohne Weiteres zugetraut hätte, lässt Thomas links liegen und weist auf ein Podest hoch über ihren Köpfen, sieben Meter über dem Boden. Es handelt sich gewissermaßen um ein Baumhaus, das keine Wände hat, sondern nur aus Fußboden besteht.

»Und da gehen wir jetzt nauf?«

»Wir üben zuerst die Seiltechnik, und dann steigen wir da nauf.«

»Ist aber schon ein bissl hoch für den Anfang, oder?«

»Siehst du die Kinder da oben? Was die können, kannst du schon lang. Auf geht's!«

Kinder!, denkt der Schmidt Max. Für Kinder ist das eine ganz andere Gschicht. In dem Alter ist er ganz ohne Seil und völlig angstfrei auf die höchsten Baumwipfel geklettert, hat sich aufs Skateboard gestellt und ist Steilabfahrten hinuntergesaust, da darf er heute gar nicht mehr drüber nachdenken.

Aber schließlich befindet er sich nach absolviertem Seilkurs auf dem luftig hohen Holzpodest und stellt fest: Sicher angegurtet und mit Thomas als Begleiter kann man's überleben. Und die Aussicht ist auch nicht schlecht. Nur dass aufgrund der Todesnähe immer wieder Bilder aus seinem eigenen Leben an ihm vorüberziehen, beeinträchtigt sie ein wenig.

»Hast dich gut geschlagen, Schmidt Max!«, attestiert ihm Thomas. »Und weiter geht's!«

Er stellt ihm einen »richtig schönen Platz« in Aussicht, wo sie ihr Hängezelt in zwanzig Metern Höhe in einer Astgabel installieren werden.

»Das Geniale ist«, sagt Thomas, während sie ihr Riesenhängefeldbett montieren, »das hängt an *einem* Karabiner!«

Der Schmidt Max verkneift sich die Frage, was daran genial sein soll, sonst erfährt er am Ende gar noch weitere Dinge, die er lieber niemals erfahren hätte. Außerdem braucht man den Thomas eh nix fragen, seine Begeisterung fürs Steilwandübernachten lässt sich ebenso wenig bremsen wie Schmidt Max' Todesangst.

Die Sicherungsübungen mit Bergführer Thomas im Waldseilgarten Höllschlucht bei Pfronten sind ja noch ertragbar ...

»Früher«, doziert Thomas, »war das nur was für ganz harte Burschen, die in ihren Trittschlingen an der Wand gehängt sind und wach geblieben sind, bis die Nacht vorbei war. Aber heute hast dein *Portaledge*, leicht, zerlegbar, schützt vor jedem Wetter, da kannst die Nacht richtig angenehm verbringen. – Ich kletter jetzt schnell hoch, häng ein, und dann steigen wir gemeinsam hinauf.« Der Schmidt Max hat ein wenig andere Vorstellungen davon, wie man eine Nacht angenehm verbringt. Aber was soll's, seine Nächte sind eh gezählt.

»Schmidt Max, geh weiter! Sei ein Abenteurer! Wirst sehen, wenn's dunkel wird, hat des noch a ganz andere Wirkung. Es wird still – und man liegt da ganz hervorragend weich und warm –«

»– und man sieht Gott sei Dank nicht mehr, wie weit der Erdboden weg ist –«

»– und morgen früh wirst einen grandiosen Sonnenaufgang erleben!«

»*Wenn* ich ihn erleb.«

Der Schmidt Max träumt überaus lebhaft in jener Nacht. Er steht auf einer Theaterbühne und spricht Peter Handkes *Publikumsbeschimpfung*. Er ganz allein, alle vier Rollen. Im Publikum sitzen all diejenigen,

... aber hoffentlich wird's bald Nacht, damit man die zwanzig Meter unterhalb des Portaledges nicht mehr sieht

die ihm die verfluchte Steilwand eingebrockt haben, inklusive der Leute, die sich schon einmal öffentlich als seine Fans geoutet haben. Gleich in der ersten Reihe der Waigel Theo zum Beispiel, die Mittermaier Rosi und der Jonas Bruno. In der zweiten Reihe entdeckt er einige Kollegen, die ihn schadenfroh angrinsen und »Abenteuer, Abenteuer!« skandieren. Die Souffleuse reicht ihm ein Megaphon. »Ihr Schmidtmaxschikanierer!«, brüllt er hinein, »ihr Absturzvoyeure!« Die Souffleuse sieht verwirrt vom Text auf. Das Publikum stürmt die Bühne. Der Schmidt Max will flüchten, aber plötzlich trifft ihn gleißendes Scheinwerferlicht. Zwei Polizisten treten an ihn heran und grinsen höhnisch. Einer von ihnen hält ihm ein Metermaß vor die Nase. »Denk dran, Schmidt Max! Diese Theaterbühne hängt an einem Karabinerhaken und befindet sich exakt 2 563 Meter und 40 Zentimeter über dem Waldboden! Fluchtversuch zwecklos, Schmidt Max! – He, Schmidt Max!« Das Rufen hört nicht auf, und das Licht wird immer heller.

»Schmidt Max, wach auf! Du verpasst sonst einen großartigen Sonnenaufgang!«

Was wäre der Schmidt Max ohne seinen Bergführer? Und was wäre ein Sonnenaufgang ganz ohne Adrenalin?

»Gratuliere, Schmidt Max! Stufe 2 bestanden! Jetzt können wir die Steilwand angehen!«

Indes, zwischen Können und Wollen tut sich im Schmidt Max eine tiefe Kluft auf. Seine eigene innere Steilwand, sozusagen. Die äußere befindet sich unterhalb der Burgruine Falkenstein, und zur Mittagszeit sind sie auch schon dorthin unterwegs – staatlich geprüfte Bergführer können gnadenlos sein. Kurz vor dem Ziel öffnet sich ein weiter Blick ins Vilstal.

»Na, Schmidt Max? Was sagst? Pfundige Aussicht, oder?«

Der Schmidt Max ist jedoch weitaus mehr an seinen Überlebensaussichten interessiert. Allerdings, zur Aussicht ins 500 Meter unterhalb liegende Tal gehört auch ein Züglein, das sich hupend bemerkbar macht.

»Maansd, den daad i no dawischn, wenn i –«

»Des war der letzte für heut. Komm, pack mas!«

Der letzte Zug ist also abgefahren, ein letzter Blick auf die Marienstatue in der Felsnische, und der Schmidt Max folgt seinem Bergführer

» Wias mir etz geht? – Ehrlich gsagt, i woaß net – macha Sie's doch selber, dann wissen S' Bescheid!«

weiter auf dem befestigten Weg nach oben. Vergebens weist er auf ein Schild am Wegesrand mit der Aufschrift: *Verlassen des Weges verboten! Lebensgefahr!*

»Gilt nicht für staatlich geprüfte Bergführer.«

Ebenso vergebens weist der Schmidt Max auf den Umstand hin, dass er Frau und zwei Kinder habe.

»Ich hab drei.«

Schließlich ist die Stunde der Wahrheit gekommen. Das Seil wird an einem Baum gesichert, das Abseilen kann beginnen. Am Schmidt Max ziehen wieder filmgleich Bilder aus seinem Leben vorbei. Bobfahren hat er schon überlebt. Und Bungeejumping! Ha, wer so etwas überlebt, der wird auch ein bisserl Abseilen und Abhängen an der Steilwand verkraften. Und außerdem – Fensterputzer an Hochhäusern machen das jeden Tag. Bloß ohne Übernachtung halt.

Und bereits einige Minuten später, als er geradezu gemütlich in seinem Portaledge an der Steilwand hängt, ist die Begeisterung des Bergführers endlich einmal richtig am Platz.

»Klasse Leistung, Max! Echt super!«

Und das Publikum? Das, findet der Schmidt Max, hat mit der Sparte *Abenteuer* die absolut richtige Wahl getroffen. Perfekt seinem Potenzial angemessen. ◇

Waldseilgarten Höllschlucht
(Geschäftsstelle)
◉ Tiroler Straße 176,
   87459 Pfronten-Steinach
✦ www.waldseilgarten-
   hoellschlucht.de

Thomas Osterried
✦ www.berg-wind.de

Burgruine Falkenstein
✦ www.pfronten.de

Auf dem SUP
DURCH VENEDIG

Wahrer Individualismus zeigt sich nicht ausschließlich in der Wahl des Reiseziels. Sondern eher darin, wie man sich die Zeit am Reiseziel gestaltet. Deshalb kann einer wie der Schmidt Max sogar nach Venedig fahren, ohne sich in einen Massentouristen zu verwandeln (und das, wohlgemerkt, schon in Vor-Coronazeiten).

Der Individualtourismus steht und fällt mit der Wahl der Unterkunft und des Fortbewegungsmittels. Eingemietet hat sich der Schmidt Max für lässige 55 Euro in einem Palazzohotel namens *Casa Cardinal Piazza*, wunderschön ruhig gelegen, mit hauseigenem Park. Als Fortbewegungsmittel wiederum hat er sich ein SUP auserkoren, eine Art Kreuzung aus Surfbrett und Paddelboot also, inklusive individueller Grundausbildung bei der charmanten Diplomstehpaddlerin Eliana Argine im Stadtviertel Cannaregio, die nebenbei auch studierte Anthropologin, lizenzierte Stadtführerin sowie Präsidentin des *Surf Club Venezia* ist.

Sie muss dem Schmidt Max auch gleich die Grenzen des Individualismus aufzeigen: Ganz allein auf die venezianischen Wasserstraßen loslassen kann sie ihn nicht – da könnte man ebenso gut ein Kind auf dem Dreirad in den Großstadtverkehr schicken. Und weil es außerdem verboten ist, ins Wasser zu fallen, muss zuallererst die korrekte SUP-Haltung geübt werden, zunächst im Knien, dann im Stehen. Jetzt zahlen sich die Ballettstunden aus der Kindheit aus – der Schmidt Max bekommt von Eliana ein »fantastico!« geschenkt. Nur aufpassen heißt's, um sich von vorübereilenden Motorbooten nicht aus dem Gleichgewicht bringen zu lassen.

Beim Stand-up-Paddling kann man Venedig auch von einer ruhigeren Seite kennenlernen, quasi »durch die Hintertür«

Die zweistündige Einsteigertour auf dem extra breiten Einsteigerboot führt zunächst zur gotischen Kirche Madonna dell'Orto mit dem vierzehn Meter hohen Gemälde *Die Anbetung des Goldenen Kalbes* von Jacopo Tintoretto.

Noch mehr indes beeindruckt den Schmidt Max die weitgehende Abwesenheit der Spezies Mensch. Es gibt also viel zu sehen, aber relativ wenig zu hören. Man müsste jetzt nur noch beim Paddeln fotografieren können, denkt der Schmidt Max, um die vielen Einblicke in Gassen und Kanäle festzuhalten. Andererseits aber auch wieder gut, dass man es nicht kann, weil man schon genug damit zu tun hat, auf die Verkehrsregeln und Verkehrszeichen zu achten und vor jeder Kreuzung »a stagando« oder »a premando« zu rufen, um zu signalisieren, aus welcher Richtung man kommt.

Nach der Einsteigertour stehen dem Schmidt Max die höheren Weihen bevor, wenngleich er konstatieren muss, dass zwei Stunden individuelles Paddeln der Anstrengung von acht Stunden Normaltouristenprogramm gleichkommen, vielleicht aber auch nur acht Stunden von irgendwas anderem, Wäsche aufhängen, Tango tanzen oder was es sonst eben so gibt im Leben.

Dottoressa Eliana Argine hat auf dem SUP schon die halbe Welt bereist und den Surf Club von Venedig gegründet

Deshalb werden die höheren Weihen auch auf den nächsten Tag verschoben. Sie beinhalten insbesondere das Stehpaddeln auf dem Canal Grande, dem Mittleren Ring von Venedig sozusagen, wo sich die halbe Menschheit eigens dafür in Wasserfahrzeugen jeglicher Art versammelt, um Individualwasserreisende wie den Schmidt Max aus dem mühsam erkämpften Gleichgewicht zu bringen.

Das Frühstück fällt mit einem Espresso und einem marmeladegefüllten Cornetto nicht allzu üppig aus, aber dennoch fühlt sich der Schmidt Max dem Tag gewachsen – Eliana hat ihm als Ausgleich für den Paddlerstress am Canal Grande ein traditionell venezianisches Essen in Aussicht gestellt, beschauliche Kulturerlebnisse außerdem.

Ihr erster, noch geruhsamer Paddelweg führt sie zum *Ghetto Nuovo*, dem alten Eisengießerviertel, in dem einst vertriebene Juden aus Mitteleuropa Zuflucht fanden. Damit wurde wohl das Wort *ghetto*, das eigentlich »Gießerei« bedeutet, zur Bezeichnung für ein abgetrenntes Wohngebiet.

Nebenbei hat der Schmidt Max auf seiner Besichtigungstour das irritierende Gefühl, seinerseits besichtigt zu werden, von Spaziergängern oder Rentnerpaaren am Fenster, die sich zu fragen scheinen, wie lange das wohl noch gut gehen wird mit ihm, dem SUP und dem Gleichgewicht. Aber es *geht* gut, sogar überraschend gut angesichts dessen, dass sie mittlerweile in belebteren Wasserstraßen angelangt sind.

An der nächsten Station, der Museumswerft von Giovanni Caniato, wo historische Gondeln restauriert und konserviert werden, bekommt der Schmidt Max wieder festen Boden unter den Füßen, und ein paar Schritte weiter, in der *Osteria Al Mariner*, die versprochene Stärkung. Zugleich eine hübsche Gelegenheit für den Schmidt Max, mit Elianas Hilfe sein Italienisch ein wenig aufzupolieren – »dimme un ombra«, »gib mir einen Schatten« sagt man hier, wenn man ein Gläschen Wein zu sich nehmen möchte. Dies stammt noch aus der Zeit, als der Wein an Stehausschänken kredenzt wurde, die wegen der Hitze mit dem Schatten mitwandern mussten. Nebenbei erschließt sich, dass man offenbar auch einem Stehpaddler eine gewisse Promillemenge Alkohol im Blut gewährt. Für die Erhaltung der Balance wird hoffentlich der zum Wein gereichte Stockfisch sorgen.

Und weiter geht's, vorbei an der Statue des venezianischen Freiheitskämpfers Paolo Sarpi und Gott sei Dank durch Kanäle, die mit einem weißen Gondoliere auf blauem Grund beschildert sind. Heißt: Nur Ruderboote sind hier erlaubt; wellenschlagende Motorboote könnten einen beschwipsten Schmidt Max ins Trudeln bringen.

Eine Weile noch muss er sich als Stehpaddler bewähren, dann darf er wieder ein Stück zu Fuß gehen. Eliana lenkt seine Schritte allerdings auch an Land auf Wege abseits der überlaufenen Touristenpfade. In einer stillen Seitengasse liegt die Werkstatt von Piero Dri. Er hat sich nach einem Studium der – ja, der Schmidt Max hat schon richtig gehört – Astrologie dem Beruf des *fórcolario* zugewandt, hat eine siebenjährige Ausbildung absolviert und befasst sich seither mit der Herstellung und Restaurierung der Gondelgangschaltung, sprich, des gabelartigen maßgeschneiderten Ruders in den Händen eines Gondoliere.

An einer solchen Gabel, gefertigt aus zwei Jahre gelagertem Walnussholz, schnitzt Piero eine gute Woche und bringt sie für bis zu 1 200 Euro an den Mann, nicht immer indes an einen Gondoliere: Auch

Als echte Venezianerin kennt Eliana auch versteckte Ecken,
und sie weiß, wo es den besten Sprizz gibt

Anreise

Nach Venedig kommt man mit dem Auto, dem Bus – oder ganz bequem mit dem »Nightjet« (ÖBB): knapp 12 Stunden dauert zum Beispiel die Zugfahrt München–Venedig. Um 20 Uhr einsteigen und am nächsten Morgen entspannt um 8 Uhr in der Sonne aussteigen

Infos (u.a. zu Spartickets) unter:

↗ www.nightjet.com

Zum Nachlesen

Christian Barth, SUP. Stand Up Paddling. Material, Technik, Spots, Delius Klasing Verlag 2019

Karl Johaentges u. Luana Castelli, Die letzten Venezianer. Leben in der Lagunenstadt, terra magica 2014

als Deko fürs Wohnzimmer ist so eine *Fórcola* sehr beliebt. Dort hält sie im Prinzip auch unbegrenzt, während sie als Dienstgabel eine Mindesthaltbarkeit von fünfzehn bis zwanzig Jahren hat.

Ein Werkstattbesuch macht Durst. Eliana stillt ihn, diesmal alkoholfrei, am nächsten Trinkbrunnen. Nein, Schmidt Max, hier wird nicht etwa das trübe Kanalwasser hochgepumpt, in das du nicht hineinfallen darfst; hier sprudelt Wasser aus der fünfzehn Kilometer entfernten Quelle San Benedetto, für das sie dir in einem Café am Markusplatz zwanzig Euro abknöpfen würden.

Der nächste Geheimtipp ist die antiquarische Buchhandlung *Acqua Alta*, und wer – wie der Schmidt Max – im Lateinunterricht immer gut aufgepasst hat, weiß, dass das Geschäft nach Hochwasser benannt ist. Als Aufbewahrungsort für Bücher dienen neben Regalen auch ausrangierte Gondeln und Badewannen, die verraten, dass im Namen der Buchhandlung auch leidvolle Erfahrung steckt. Bei Normalwasserstand, wie jetzt, könnte diese Buchoase auch als Arbeitszimmer eines Schriftstellers durchgehen, der darin sein ganzes Leben verbracht hat und außerdem ein großer Katzenfreund ist.

Der Schmidt Max bekommt von Buchhändler Luigi das passende Werk in die Hand gedrückt – eine illustrierte Geschichte des Stand-up-

Am zweiten Tag geht es unter Anleitung Elianas und Einhaltung
der Verkehrsregeln auf den belebten Canal Grande

Paddling. SUP ist nämlich keineswegs ein Modegag vom letzten Jahr,
sondern geht auf die 1950er-Jahre zurück. Hawaiianische Surflehrer
paddelten damit neben ihren Schützlingen her. In den Achtzigern ver-
schwanden die SUPs wieder von der Bildfläche, um im Jahr 2000, als
auf Hawaii Wind und Wellen ausblieben, wiederbelebt zu werden.

Nun war der Schmidt Max aber immer noch nicht auf dem Canal Grande. Eliana führt ihn vorher noch geschwind zur Basilica di San Marco.
Als Tourist muss man hier eine Stunde anstehen. Wer aber, wie der
Schmidt Max, vor der letzten und größten venezianischen SUP-Heraus-
forderung ein Stoßgebet sprechen will, schlüpft ganz ohne Wartezeit
durch den Nordeingang hinein. Andere Gebetsanlässe gelten natürlich
auch, aber: Man muss es ernst meinen.
     Frisch gestärkt im Glauben und voll Gottvertrauen lässt sich nun
der Schmidt Max zum Canal Grande lotsen, auf dem es zugeht wie am
Montagmorgen im Münchner Berufsverkehr. Gegen die trotz Stoßgebet
aufkeimende Nervosität hilft ihm eine Stegreifarie. »Grande momento!«,
schmettert der Schmidt Max aus tiefster Paddlerheldenbrust in seinem
besten Italienisch, mit einer Baritonstimme, die er täglich unter der

Dusche trainiert, »grande momento! Traffico, multi traffico! Canal grande schaukelo!«

Ein Boot mit einer japanischen Reisegruppe zieht dicht am Schmidt Max vorbei. Die Damen applaudieren dezent, die Herren verbeugen sich. Dann zücken sie alle ihre Smartphones und Kameras. Vielleicht wird er jetzt auch in Japan berühmt, der Schmidt Max. ◇

Casa Cardinal Piazza
📍 Cannaregio 3539/a
   30121 Venedig
➤ www.casacadinalpiazza.org

Museumswerft Arzanà
➤ www.arzana.org

Libreria Acqua Alta
📍 Calle Lunga Santa Maria
   Formosa 5176b
   30122 Venedig

SUP in Venice
➤ www.supinvenice.com

Infos zu SUP-Technik u. Fahrtraining:
➤ www.sup-mag.de

O'zogn is:
WIESN-OUTFIT SELBER MACHEN

»**N**ein, Schmidt Max! Die Schere bekommst du nicht!« Erinnerungen an die Kindheit werden wach. Es ist aber nicht dem Schmidt Max seine Mutter, die da gerade spricht, sondern die Modedesignerin Gudrun, in deren fachliche Obhut er sich begeben hat.

»Das ist nämlich *meine* Schere! Hast du denn keine eigene mitgebracht?«

Hat der Schmidt Max leider versäumt. Scherenmangel herrscht bei ihm zu Hause zwar nicht, aber welche der vielen Scheren nun die richtige gewesen wäre ...?

Gudrun meint es übrigens keineswegs zickig.

»Jeder braucht seine eigene Stoffschere, Schmidt Max, und ich kann dir auch erklären, warum: Durch unterschiedlichen Druck wird sie stumpf.«

»Die ist an dich gewöhnt?«

»Sozusagen.«

»Und bleibt dadurch immer scharf?«

»Ja. Sie hat meinen Griff. Deswegen darf sie keiner ausleihen. – Hier hab ich noch eine alte, die kannst du nehmen.«

Kann der Schmidt Max verstehen. Mit seinem alten Kadett geht es ihm ja nicht unähnlich. Da sitzt stets nur er auf dem Fahrersitz und kein anderer. Weil nur er und sonst niemand den richtigen Tritt auf die Kupplung und den richtigen Griff am Schalthebel hat.

So weit, so gut. Was indes dazu geführt hat, dass er sich mit seinem Opel nach Söchtenau begeben hat, um in Gudruns Atelier *Lieblingsteil* eine Näharbeit anzufangen, lässt sich nicht so kurz und bündig beantworten.

Begonnen hat es damit, dass der Schmidt Max vor einiger Zeit ein paar abgetragene Sachen zum Altkleidercontainer bringen wollte. Aber was heißt schon »abgetragen«? Eigentlich geht's nur um ein paar abgewetzte Stellen hie und da. Ansonsten schaut der Stoff noch gut aus. Man könnte schon noch was machen draus. Also sind die ausrangierten Kleidungsstücke erst einmal wieder beiseitegelegt worden.

Dann rückte der Geburtstag seiner Nichte näher. Was wünschte die junge Dame? Einen Einkaufsgutschein für ein Trachtenoutlet, damit sie stilecht auf die Wiesn gehen kann. *Stilecht!* Genauso stilecht wie die Amerikanerinnen und Australierinnen, die sich ihre Tracht im Internet bestellen – und am Ende kommt sie in pinkfarbenen Kniebundhosen daher. Oder im Minidirndl.

In Söchtenau nahe dem Chiemsee kann man sich in der Werkstatt von Modedesignerin Gudrun sein eigenes upgecyceltes Dirndl nähen

Nur zehn Mal vernähen muss sich der Schmidt Max, dann kommt ihm
die Expertin zu Hilfe

Nun lässt sich unter Fachleuten durchaus darüber streiten, ob
das Dirndl überhaupt auf die Wiesn gehört. Aber immerhin stünde
»selbstgeschneidert« für eine traditionelle Herstellungsweise. Und ein
unverwechselbares Unikat käme auch dabei raus. Also ein ideales
Geschenk.

Deswegen sitzt der Schmidt Max jetzt also in Gudruns Atelier in
Söchtenau im Landkreis Rosenheim, hat ihre alte Stoffschere in der
Hand und verarbeitet die Altkleider, die er vor dem Reißwolf bewahrt
hat, darunter auch eine alte Jeans, zu einem Miederdirndl. Wenn es nix
wird, kann er es ja immer noch in den Altkleidercontainer werfen.

Die Seitennaht des Jeans-Hosenbeins wird beim Zuschnitt des
Dirndloberteils zur Rückennaht. Den Schnitt, lernt der Schmidt Max,
zeichnet man sich besser mit Seife (Gudruns Geheimtipp!) als mit
Schneiderkreide an. Seife geht nämlich garantiert wieder raus, Schneiderkreide dagegen kann auch mal versehentlich festgebügelt werden.

Der Schmidt Max lernt dann auch, was ein Blindstichfuß und was
ein Steppfuß ist, wie man aus Schrägband Ziernähte macht, und dass
eine Nähmaschine, sollte er sich je eine anschaffen wollen, schön schwer
zu sein hat, damit sie nicht davonhoppelt.

Man kann sagen, dass der Schmidt Max schon öfter im Leben von seinen eigenen Fähigkeiten überrascht war, sei es beim Übernachten in der Steilwand (siehe Seite 64), sei es beim Backen von Zwetschgendatschi (siehe Seite 20). Noch nie aber war er so sehr von sich selber hingerissen wie in jenem Moment, als er die Nähmaschine in Gang setzte und ein Rautenmuster aus den vollendetsten Wiener Nähten, die die Welt je gesehen hat, in den Stoff zauberte. Eigentlich hatte er ja eher erwartet, Gudruns Notfallservice nutzen zu müssen: »Wenn du dich zehnmal vernäht hast, dann helf ich dir.«

Nun aber blickt sie ihm über die Schulter und macht Komplimente. »Respekt, Schmidt Max! Als hättest du nie etwas anderes gemacht!«

Zur Auffrischung des Dirndls, sollte es nach einem Ausgehabend einmal zammgsessn aussehen, empfiehlt Gudrun, man solle das gute Stück einfach im Badezimmer aufhängen und eine heiße Dusche nehmen, dann werde es ganz von selbst wieder glatt und schön. Ein Rezept, das sich der Schmidt Max merken kann – auch er kommt ja stets glatter und schöner aus der heißen Dusche, als er vorher war.

So zufrieden sieht man nach seiner ersten Naht aus – das Oberteil des Miederdirndls wird aus einer alten Jeans gemacht

Da es aber bekanntlich nichts gibt, was man nicht noch besser oder schöner machen könnte, beschließt er, auch seinen eigenen Trachtenauftritt ein wenig aufzumöbeln. Am Gewand selber feit si nix, aber neue Schuhe dazu könnte er wieder einmal brauchen. Haferlschuhe. Nähen kann er ja jetzt, das wird ihm beim Schuhmachen zugutekommen.

Schön, dass es auch Schuhmachermeister gibt, die wie Gudrun eine Werkstatt betreiben, in der die handwerkliche Genialität eines Schmidt Max in die richtigen Bahnen gelenkt wird. Markus Nöß in Pfronten ist so einer. Seine Werkstatt ist ein Familienbetrieb, in dem auch der 93-jährige Senior noch mitwerkelt, an Maschinen, die der Vater des Seniors vor dem Ersten Weltkrieg angeschafft hat.

Die Arbeit am Schuh beginnt mit einer zweiwöchigen Pause nach der Fußvermessung. Jedenfalls für den Schmidt Max. Dann kann er wiederkommen, den Plastikprobeschuh prüfen, der nach dem Blauabdruck gefertigt wurde, und seine Wünsche äußern.

Sein Hauptwunsch ist: Schwarz soll er sein, der Haferlschuh.

In Pfronten bei Markus Nöß muss jeder der insgesamt 300 Arbeitsschritte sitzen – auch beim Löcher-Vorstechen mit der Ahle

Der runde Schuhmacherhammer verhindert Ecken und Kanten im späteren Schuh, die offenporige Brandsohle ist atmungsaktiv

»Im klassischen Allgäuer Schnitt mit Mittelschnürung?«

Der Schmidt Max hätte ihn gern oberbayerisch. Also mit Seiten-schnürung.

Nachdem dieser Rahmen gesetzt ist, können die 300 Arbeitsschritte bis zum fertigen Schuh beginnen. Nummer eins: aus dem sieben Milli-meter starken Blankleder die Brandsohle zuschneiden. Schon das ist leichter gesagt als getan – zwischen Stoff zuschneiden und Leder zu-schneiden liegen Welten. Das Wasser, worin die Brandsohle nach dem Zuschnitt eingelegt wird, könnte der Schmidt Max in Form von Schweiß selber zur Verfügung stellen. Dann folgt das Abglasen der Brandsohle: abziehen mit scharfem Glas, um die Poren zu öffnen, damit sie irgend-wann einmal Schweiß aufnehmen können.

Die vielen druckvollen Handbewegungen, die dafür nötig sind, zäh-len leider nicht als ebenso viele Arbeitsschritte, sondern als nur einer. Der nächste ist: die Brandsohle mit vier Nägeln auf dem Leisten fixieren. Wäre dem Schmidt Max ein Leichtes – wenn nur der Schuhmacher-hammer nicht so komisch rund wäre. Aber das hat seinen Grund. Der Hammer soll keine Ecken und Kanten in den Schuh klopfen.

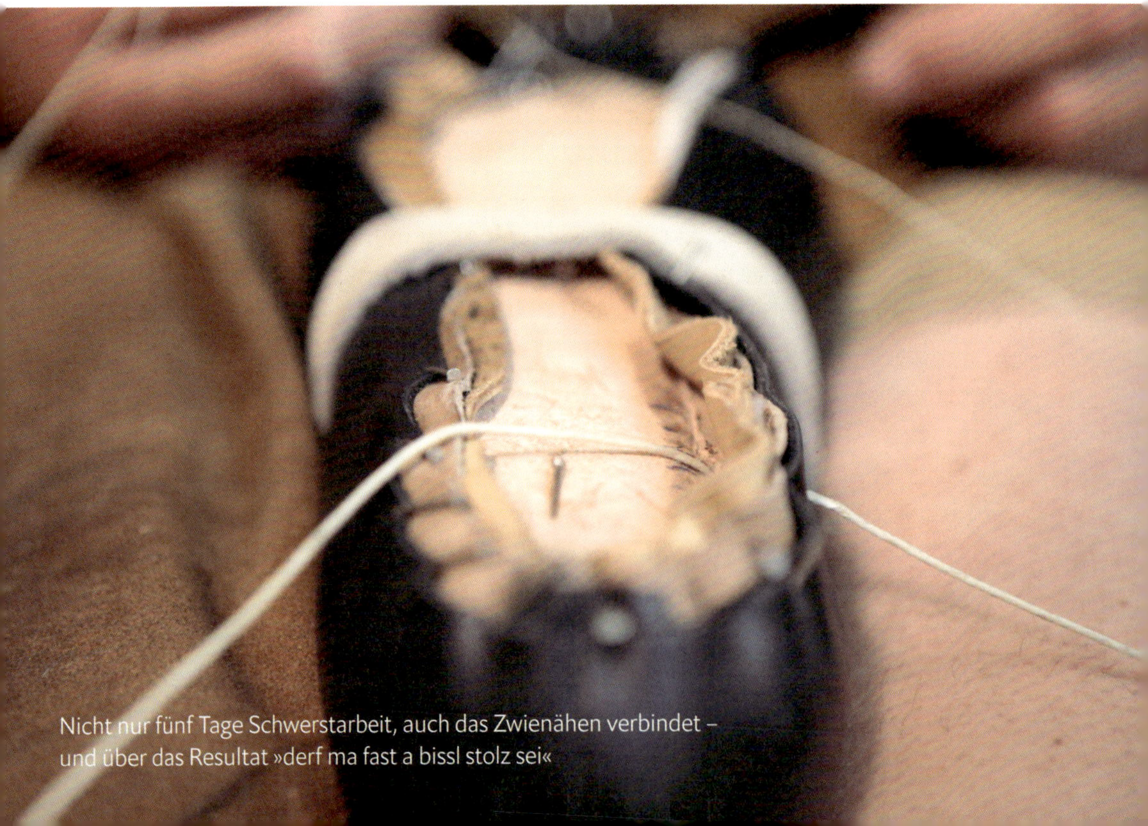

Nicht nur fünf Tage Schwerstarbeit, auch das Zwienähen verbindet –
und über das Resultat »derf ma fast a bissl stolz sei«

Pflegetipps
Fürs Dirndl: Nach einem Abend im Bierzelt das Dirndl im Bad
(neben der Duschkabine) aufhängen und selber schön heiß
duschen – der feuchte Dampf ist für den Stoff das Beste.

Für die Haferlschuh: Bier auf dem Schuh entfernt man
am besten mit lauwarmem Wasser und etwas Spülmittel.
Danach farblose Schuhcreme auftragen.

Es würde zu weit führen, an dieser Stelle sämtliche weiteren 297 Arbeitsschritte zu dokumentieren, an deren Ende der maßgeschneiderte Schmidt-Max-Haferlschuh steht. Etwa das stundenlange Löcherstechen mit der Ahle, damit der Schuh zusammengenäht werden kann.

Doch sollte noch erwähnt werden, dass der Schuh, mit dem der Schmidt Max seinem stilvollen Trachtenauftritt auf der Wiesn den letzten Schliff verpassen will, eigentlich ein Arbeitsschuh für Jäger und Bergbauern war, erfunden um 1800 von einem gewissen Franz Schratt, damit man sich ohne die Verletzungen, die der vorher übliche Holzschuh mit sich brachte, durchs steile Gelände bewegen konnte. Daher auch das vorne aufgebogene »Schiffchen«: Die Zehen sollen beim Bergabwärtsgehen nicht anstoßen.

Eine wohldurchdachte Konstruktion also und schön anzuschauen außerdem, was gerade heutzutage, wo einem jeder Sportlaufschuh seine grelle neonfarbene Existenz in die Augen schreit, keine Selbstverständlichkeit ist. Einen solchen Schuh kann sich der Schmidt Max auch in hundert Jahren noch anschauen, und auf diese Zeitspanne gerechnet, sind 1300 Euro für ein Paar maßgeschneiderte Haferlschuhe nicht viel. Abgesehen davon hat er das Geld beim selbst genähten Dirndl für 150 Euro wieder eingespart. Darf er seiner Nichte nur nicht verraten. ◇

Lieblingsteil Upcycling Fashion, Gudrun Weber
📍 Dorfplatz 7, 83139 Söchtenau
✦ www.lieblingsteil.me

Gesunde Schuhe / Bergsport, Markus Nöß
📍 Tiroler Straße 62, 87459 Pfronten
✦ www.gesunde-schuhe-noess.de

Mit Christian Dinauer auf dem heiligen Rasen in der Allianz Arena –
unten im Querschnitt das ausgediente Rasensystem von Pep Guardiola

Säen, düngen, mähen, mulchen:
DER PERFEKTE RASEN

Der Mensch möchte es gern grün haben. Vielleicht, weil in jedem Menschen eine Ahnung wohnt, dass die allerersten Vorfahren einmal im paradiesischen Garten Eden zu Hause waren. Dort hat sich alles noch von selbst ergeben. Das Grün war einfach da. Heute muss man es sich selbst gestalten, und das fängt schon beim Grün unter den eigenen Füßen an, das sich ums eigene Haus herum befindet, so man eines hat.

Der Schmidt Max hat eins. Mit etwas sanierungsbedürftigem Grün drumherum. Was macht man da am besten? Gut ausschauen soll's, strapazierfähig soll's sein, damit die Kinder Fußball spielen können, die Insektenwelt soll sich wohlfühlen, und pflegeleicht soll's natürlich auch sein, damit man bei der Rückkehr nach drei Wochen Urlaub keine Wüste vorfindet, sondern immer noch eine Oase.

Dieses Problem verlangt nach Profiberatung. Unter dem Aspekt »fußballspielende Kinder« geht der Schmidt Max gleich einmal beim Stadion vorbei. Da schaut der Rasen immer gut aus, jedenfalls im Fernsehen, und aushalten tut er auch was.

Der dortige Rasenpfleger Christian schwört auf Wiesenrispe und Weidelgras. Erstere ist sozusagen der Filz, der alles zusammenhält, Letzteres sorgt dafür, dass der Rasen schnell nachwächst. Allerdings, den Stadiongärtner müsste der Schmidt Max abwerben und außerdem seinen Garten technisch aufrüsten, denn von »pflegeleicht« kann hier

keine Rede sein: Außer Wasser und Dünger braucht's noch Luft, und
zwar bewegte Luft mittels Windmaschine. Dann gibt's noch eine Boden-
heizung, welche die Temperatur nicht unter 14° C absinken lässt, und im
Winter bekommt der Rasen extra Beleuchtung.

Sieht also insgesamt nach einem sehr ambitionierten Projekt aus,
das auf mehr Technik als Grün hinausläuft, mag sich der Stadionrasen
noch so angenehm anfühlen unter den Fußsohlen. Schade eigentlich,
denkt der Schmidt Max, dass Fußball nicht wirklich mit den Füßen, also
den bloßen, gespielt wird.

Aber gut, es gibt ja noch weitere Rasenprofis. Richtige Rasen*züchter* sogar, wie die Brüder Schwab in Waidhofen bei Schrobenhausen, die für
jeden Bedarf den richtigen Rasen haben.

»Wie ist es denn bei dir daheim, Schmidt Max? Eher sonnig oder
eher schattig? – Sonnig? Dann wäre unser Mediterraner Hitze- und Tro-
ckenrasen was für dich. Der hat a Gras dabei, dieses breite, der Rohrschwingel, der wurzelt runter bis auf eineinhalb Meter, und dadurch holt

In Waidhofen werden Rasenvariationen für alle Lebenslagen angelegt
und mit einer speziellen Maschine aus den USA geerntet

er sich von unten die Feuchtigkeit, die er braucht, und aa die Kühle von unten, und er ernährt aa seine Begleiter in dieser Rasenmischung.«

Der Schmidt Max macht einen Barfußtest.

»Ganz schee widerstandsfähig – aber a bisserl hart aa!«

»Das ist der steife Rohrschwingel. Der steht halt richtig so da wie a Soldat und steht aa glei wieder auf.«

Ganz anders dagegen der Spiel- und Gebrauchsrasen mit dem Rotschwingel, ein ganz feines Gras, das dem Schmidt Max seinen Füßen schmeichelt wie ein Flokati.

Die Rollrasenkreationen der Brüder Schwab sind so mannigfaltig, da könnte man noch eine Woche lang Barfußtests machen, bis man alle durchhat. Diese Adresse wird sich der Schmidt Max auf jeden Fall merken. Weil ihm aber der Schwab Günther noch auf den Weg mitgibt, dass es ihm schier das Herz bricht, wenn er mitansehen muss, wie manche Kunden ihren Rasen vernachlässigen, beschließt der Schmidt Max vorsichtshalber, noch einen Pflegefachmann zu konsultieren. Einen, der mit allen Rasen- und Wiesenarten per Du ist, und dies überraschenderweise auf einem Golfgelände, dem Golfplatz Isarwinkel bei Bad Tölz.

Der Golfplatz Isarwinkel besteht keineswegs nur aus den zweckbestimmten millimeterkurzen Rasenflächen, sondern aus reichhaltiger Flora und Fauna, bei der auch der Hobbyornithologe in Gärtner Manfred auf seine Kosten kommt. Ein abwechslungsreiches Gelände mit Blumen- und Streuobstwiesen. Entsprechend sieht der Fuhrpark aus – drei Versuche kostet es den Schmidt Max, Manfreds einfacher Bitte zu entsprechen, er möge doch schon mal einen Mäher aus der Halle holen.

Gemeinsam lassen sie einem Stück Rasen, das Manfred bereits in der Vorwoche gedüngt hat, eine Kur angedeihen. Zuerst mit dem Vertikutierer – »schau her, Schmidt Max, da san unten so Messer drin, die schneiden in die Narbe rein, nehmen die querliegenden Gräser raus, reißen viel von dem Unkraut raus und kratzen den Boden a bissl an. Aber wennst keinen Vertikutierer hast, kannst deinen Rasen auch mit dem Rechen kräftig durchkämmen.«

Fürs Mähen empfiehlt Manfred eine Schnitthöhe von drei bis fünf Zentimetern.

»Wenn du oft mähst, kannst das bissl Schnittgut einfach liegen-
lassen. Also mulchen, quasi. Als Dünger dann Kompost oder Hornspäne,
und dann noch a bissl Sand drauf. Der Sand macht die Fläche belast-
barer – grad wenn du Kinder hast, die vielleicht einmal Fußball spielen.
Wichtig ist nur, dass du gewaschene Sande verwendest.«

Der Rasenpflegecrashkurs bei Manfred endet mit einem kräftigen
Regenguss, der ihnen das abschließende Gießen erspart.

Ja, und eigentlich könnte der Schmidt Max jetzt angereichert mit Rasen-
kenntnissen nach Hause fahren und in aller Ruhe über sein künftiges
Gartenrasenwiesenparadies nachdenken. Aber etwas nagt noch in ihm.
Das Wort *Paradies* könnte das Nagen ausgelöst haben. Kann man das
alles nicht eine Spur – na ja, eine Spur einfacher haben? Back to the
roots, sozusagen? Er hat sich den ganzen Tag lang nicht nur über Rasen,
sondern auch ziemlich ausgiebig über Maschinen unterhalten. Allein
diese amerikanische Rollrasenerntemaschine bei den Schwabs! Eigentlich träumt ja der Schmidt Max doch mehr von einer Wiese. Einer richtigen wilden Kindheitswiese, wie es sie früher noch viel öfter gab. Fußball spielen können seine Kinder auch woanders – für was gibt's denn
überhaupt Bolzplätze, zefix?

Also macht er sich noch einmal auf den Weg. Diesmal zum Sensen-
mann, pardon, Sensologen in Benediktbeuern. Er heißt Otto, ist achtzig
Jahre alt, wirkt zwanzig Jahre jünger und ist gerade mit Sensendengeln
beschäftigt.

»Ja mei, Schmidt Max, kommt halt darauf an, was du willst. Arbeit
hast praktisch koane mit so annera Wiesn, brauchst net düngen,
brauchst gar nix tun, die wachst einfach dahin und ändert sich ständig.
Aber aushalten duad's natürlich net so vui. Fußball spielen oder Grill-
party, und die Leut treten alles zamm, des leit's net! Da legst dir besser
an Sportrasen zu, wie ihn die Fußballer haben!«

Na freilich, denkt der Schmidt Max, mitsamt Windmaschine, Boden-
heizung und Winterbeleuchtung. Und ganz ohne Schmetterlingsbesuch!

»Ist aber aufwendig« sagt er stattdessen, »grad, wenn's so an Fran-
sen rausreißen, woaßt, was i moan? Da musst dann scho immer wieder
a bissl nachsäen, und ...«

»Des ist natürlich bei so aner Wiesn wie da vui einfacher, da brauchst überhaupt nix nachsäen.«

Der Otto dengelt immer noch, und wie ihm der Schmidt Max dabei so zuschaut, fallen ihm eine Menge Leute ein, sich selber inbegriffen, denen täglich eine halbe Stunde Sensendengeln ganz gut tun würde, um aus dem hektischen Alltagsmultitasking rauszukommen. Und man kann dabei vielleicht sogar besser über Gott und die Welt sinnieren, als wenn man einfach bloß, so wie er gerade, auf der Wiese herumflackt, wer weiß?

Aber mit dem Herumflacken hat's jetzt eh ein Ende, weil der Otto mähen will. Vielleicht kann er ihn noch ein wenig aufhalten.

»Wie oft mahst du eigentlich?«

»Zwoamal im Jahr.«

»Und wie hoch muss die Wiese sein, dass i mit der Sense arbeiten kann?«

»Also, die soit scho fünfzehn bis zwanzig Zentimeter hoch sei, und die Sensn muaß scharf sei, weil, sonst kannsters net abmahn.«

»Es gibt ja aa Motorsensen.«

Eine Wiese muss nur zweimal jährlich gemäht werden – das Gras kann dann je nach Wetter am Boden oder auf Stanggern trocknen

Nicht nur insektenfreundlich – das Mähen mit der Sense hält auch fit,
wie man am Sensologen Otto Gion aus Benediktbeuern sieht

»Ja, aber die macha halt an Krach. Und Insekten ham überhaupt ka
Chance, dass davoolaufa. I kimm ja schee langsam hi, und da passiert
gar nix, dene gschieht nix, und anders wern's einfach derschlagen.«

»Und außerdem«, wirft der Schmidt Max noch ein, »wenn i di so
ooschaug – hoit scho aa fit, des Sensen, oda?«

Stimmt zwar, ist aber nicht der eigentliche Beweggrund. Sensologe
Otto stammt aus einer Zeit, in der das Wort »Fitness« noch nicht erfun-
den war. Ihm geht es mehr darum, die vom Aussterben bedrohte
Tradition zu erhalten.

»Und schau her, Schmidt Max, wenn's Gras so schee dasteht wie
da, dann kammer wunderbar dahiimahn und kann an ois Mögliche
denka.«

Der Schmidt Max denkt noch über die richtige Ausrüstung nach.
So einer wie der Otto wird garantiert nicht zum Baumarkt fahren und
sich eine Sonderangebotssense für zehn Euro holen. Der wird wahrscheinlich zu einem alten Schulkameraden fahren, der noch eine

Dorfschmiede betreibt. Oder? Und Handwerkskunst hat ihren Preis. Am Ende wird er für seine Sense mehr Geld los als für einen Motormäher.

»Ja guat, wennst a gscheide Ausrüstung ham mechst, dann brauchst Sensenbladeln, an Wetzstoa, an Kumpf, an Denglhammer, an Denglamboss, a Gabel und an Recha ... summa summarum ungefähr 250 Euro. Dann bist komplett ausgerüstet.«

Nun aber wird der Schmidt Max endgültig aus dem Wiesenparadies vertrieben. Zeit zum Nachdenken hatte er jetzt eh genug, und die Sache ist klar: Für sich eine Wiese – mit Hummeln und Wildbienen, Schmetterlingen und Heuschrecken, Schlüsselblumen und Löwenzahn, Gänseblümchen und Margeriten. Für die Kinder einen Rasen. Mähen sollen sie ihn gefälligst selber. Mit dem Rasenmäher vom Nachbarn. Weil, er selber, der Schmidt Max – er will sich ja eine Sense kaufen und mit achtzig noch genauso gut beinander sein wie der Otto. ◇

Schwab Rollrasen
↗ www.schwab-rollrasen.de

Kloster Benediktbeuern
↗ www.kloster-benediktbeuern.de

Golfclub Isarwinkel
↗ www.golfclub-isarwinkel.de

MIT DEM WASSERFLUGZEUG
über dem Comer See

Eigentlich hätte es ja nur ein kleiner Tapetenwechsel werden sollen, das Wochenende am Comer See, garniert mit Kunst und Kultur. Also gemütlich durch die Gegend bummeln, schön essen gehen, ein bisschen berühmte Bauwerke besichtigen. Die Adenauervilla zum Beispiel, wo der erste Nachkriegskanzler seine Sommerferien zu verbringen pflegte. Oder die Villa Carlotta aus dem 18. Jahrhundert, Sommerresidenz der Prinzessin Charlotte von Preußen, mitsamt Botanischem Garten. Auch ein Schmidt Max will schließlich einmal ausspannen. Doch justament, als er damit beschäftigt ist, mit einer Eiswaffel in der Hand am Seeufer entlangzuflanieren und dabei so gut auszuschauen wie der strahlende Morgenhimmel, sieht er einen großen gelben Vogel mit Kufen heranschwirren, auf dem See aufsetzen und ans Ufer gleiten.

Ja, da leckst mi –

– ein Wasserflugzeug!

Da legst di nieder!

– ein Wasserflugzeug!

Ja varreck!

Ein Wasserflugzeug! So richtig in echt zum Anfassen! Also hoffentlich in echt und zum Anfassen und keine Fata Morgana! Schon ist er dort. Sein Anzug nass. Und der Pilot sieht nur noch einen bemützten Kopf aus dem Wasser ragen.

»Io sono il Schmidt Max di Germania! Äh, i moan, il Max di Ferraio di Baviera! Molto piacere volare con aeroplano di acqua!«

Es kommt, wie es kommen muss. Pilot Cesare ist beeindruckt von so viel Enthusiasmus. Und außerdem – Modelleisenbahner führen schließlich auch mit Freude ihre Anlage vor, Oldtimerfreaks ihren Citroën DS, und so eben auch Cesare Baj die historischen Schwimm-Flug-Maschinen vom *Aero Club Como*. Der Schmidt Max soll sich trockene Sachen anziehen und in einer Stunde beim Hangar sein.

Dort erwarten ihn die unterschiedlichsten Veteranen. Eine Republic RC von 1946, die eher wie ein Boot mit Flügeln als ein Flugzeug anmutet. Eine Cessna L 19 von der US-Air-Force, »Bird Dog« genannt, die im Vietnamkrieg im Einsatz war. Eine Caproni-100, das älteste Wasserflugzeug der Welt. Eine Piper Super Cub mit zwei Sitzen hintereinander, vorn der Pilot, hinten der Passagier – aber auch der kann bei Bedarf steuern.

Ob der Schmidt Max einmal mitfliegen will?

Und *wie* der Schmidt Max mitfliegen will.

Nicht mitfliegen wäre ja genauso wie als Bub auf dem Volksfest stehen und sich die Achterbahn, die Geisterbahn und den Autoscooter nur

Die gelassene Pose trügt – eigentlich will der Schmidt Max sofort
ins Wasser springen und einsteigen

Keine Sekunde wird beim Einsteigen gezögert – in der Piper Super Cub
unten könnte auch der Passagier vom Rücksitz aus steuern

anschauen dürfen. Und nur für den Fall, dass der Schmidt Max Flug-
angst *hätte* – dem graubärtigen Cesare, der seit fünfzig Jahren seine
Fluglizenz besitzt, muss man einfach vertrauen.

Ein Kenner der Gegend ist Cesare außerdem, und so bekommt der
Schmidt Max die Kunst und Kultur quasi als Überflieger mit. Hier die
Villa von George Clooney, der durch seinen Haus- und Grunderwerb für
ein kräftiges Ansteigen der Immobilienpreise gesorgt hat, dort die Villa
Carlotta – »da musst du unbedingt einmal hinfahren, Schmidt Max!«

Der aber weiß nicht, ob er überhaupt jemals im Leben wieder in ein
profanes Fahrzeug steigen will, wo es doch Wasserflugzeuge gibt, die
einen ebenfalls an Orte der Kunst bringen – oder vielleicht doch eher
Lebenskunst. Das *Hotel San Giorgio* in Lenno, direkt am Seeufer mit
Wasserflugzeughafen, scheint ein solcher Ort zu sein; auf jeden Fall ver-
binden sich hier die Kulinarik und die Aqua-Aeronautik, denn auch der
Hotelier hat einen Pilotenschein und dreht wenigstens einmal im Mo-
nat, wie er erzählt, ein paar Runden über dem Lago di Como.

Es würde den Schmidt Max inzwischen nicht mehr erstaunen, wenn
rund um den Comer See der Flugschein ebenso verbreitet wäre wie der
Autoführerschein. Hier scheint eine neue Karriere auf ihn zu warten,
eine Dolce-vita-Karriere: Wasserflugzeugpilot werden, jeden Tag mit
einem anderen Oldtimer in die Luft gehen und die hiesigen Gourmet-
tempel ansteuern. Also nicht essen gehen, sondern essen fliegen, quasi.
Nur auf den Wein zur Mahlzeit muss man als Pilot verzichten, doch die
Spezialitäten im *San Giorgio* munden zur Not auch ohne Wein.

Allerdings, in die Heimat verpflanzen könnte der Schmidt Max das
Wasserflughobby nicht, wie er auf der Restaurantterrasse beim Plausch
mit Cesare erfährt. In Bayern gibt es exakt null Seen, auf denen er landen dürfte, und die erlaubten Gewässer im übrigen Deutschland kann
man an ein bis eineinhalb Händen abzählen.

Auf dem Rückweg nach Como deutet Cesare auf ein weiteres herr-
schaftliches Anwesen. »Villa Adenauer!« Aha, hier also war der Kanzler
im Sommer zu Hause. Ob man da auch mit dem Wasserflugzeug hin-
käme? Ob vielleicht der Adenauer Konrad ebenfalls ein fröhlicher
Ferienpilot war? Oder ob sich der Clooney Schorsch zwischen seinen
Drehs ab und zu mal ein Flugzeug schnappt und sich seine Villa von

oben anschaut? Aber das hätte ihm Cesare bei der Besichtigung gewiss nicht verschwiegen.

Gut, aber was wirklich zählt, ist die eigene Pilotenkarriere. Könnte nur sein, dass der Cesare einen Lachkrampf bekommt, wenn er, der Schmidt Max, ihm offenbart, dass er unglaublich gern selber einmal am Steuer sitzen würde. Da könnte ja jeder Hanswurst daherkommen und sich einbilden, dass man ihn an so ein Sammlerstück von Flugzeug heranlässt, und dann fliegt er es womöglich schrottreif.

Doch was sagt der Cesare nach der Landung? »Warst ein super Co-Pilot, Schmidt Max. Wenn du Pilot werden willst, dann schau morgen wieder vorbei!«

Der Schmidt Max freut sich wie ein Schneekönig, dass seine wahren Talente erkannt wurden. Natürlich wird er wiederkommen.

Er steht anderntags sogar als Allererster vor dem Hangartor – manchmal kann es durchaus von Vorteil sein, dass das italienische Frühstück in drei Minuten erledigt ist. Chefausbilder Francesco indes ist noch nicht

Von oben sieht man nicht nur die traumhafte Umgebung des Comer Sees, sondern unter anderem auch die Villa vom Clooney Schorsch

Unter der Führung von Chefausbilder Francesco wird der Schmidt Max auf der Cessna 206 Stationair zum echten Piloten

an Ort und Stelle. Bleibt also noch Zeit, das Ausbildungsflugzeug in Augenschein zu nehmen, eine Cessna 206 Stationair von 1978, und mit anderen Piloten ein wenig zu fachsimpeln, mit Armin zum Beispiel.

Der reist regelmäßig aus München an, hat sogar eine richtige Lizenz für Landflugzeuge und kann dem halb nervös, halb vorfreudig fiebernden Schmidt Max Auskunft geben, worauf man als Anfänger besonders achten sollte.

»Ganz wichtig: das Handling von der Vergaservorwärmung! Beim Abheben darauf achten, dass du die Maschine nicht überdrehst. Verstellpropeller und Klappen richtig einstellen und natürlich vor jedem Flug die Schwimmer lenzen! Alles klar?«

»Alles klar!«, lügt der Schmidt Max. Offenbar ist er doch eher der Mann fürs Simpeln. Ohne Fach.

Bei Francesco, der mittlerweile eingetroffen ist, klingt Gott sei Dank wirklich wieder alles ganz simpel.

»Ziehst du das Steuer zurück, fliegst du nach oben, wenn du drückst, geht's nach unten. Ich führe dich mit meiner Stimme. – Schmidt Max, can you hear me?« – »I hear you.« – »Okay. We have to check controls. Up and down, left and right.« – »We do it together?« – »Full power!«

Insgesamt zwölf funktionsfähige Wasserflugzeuge besitzt
der Aero Club Como, darunter auch einige Oldtimer

Der Schmidt Max hat zwar das Gefühl, dass man ihm noch beibringen müsste, wie man das Ding bei Bedarf wieder abbremst – könnte ja
sein, dass da oben plötzlich ein Flieger von rechts kommt und Vorfahrt
hat. Aber das wird der Francesco dann hoffentlich selber richten. Also
full power nach oben!

Was dann folgt, ist so ähnlich wie gleichzeitig stocknüchtern und
stockbesoffen sein. Einerseits mit klarem Verstand Francescos Anwei-
sungen befolgen, andererseits sich dem Flugrausch hingeben. Ähm, und
wo war nochmal die Villa von Adenauer? Und die von George Clooney?
Winkt er vielleicht sogar jetzt gerade dem Schmidt Max zu und denkt
sowas wie: *Awesome, the Smith Max! Full the hammer! I really should
engage him for my next Ocean-movie!* Egal – Hauptsache ist, nicht versehentlich auf eine von den Villen draufzufallen.

Viel zu schnell naht die Landung. Oder sind sie doch schon eine
Stunde lang unterwegs?

»Nose up, nose up! Steuer zurück – back, back, back!«

Schon haben sie wieder sicheres Wasser unter den Kufen. Fehlt nur
noch eins – der Applaus. Der kommt doch immer, wenn ein Pilot eine
Superlandung hinlegt, oder nicht?

»Max, you are a pilot now!«, begrüßt Cesare ihn an Land und korrigiert sich sogleich: »Almost a pilot.« Was noch fehlt, ist nämlich nicht der Applaus, sondern die Pilotentaufe. Ehe er sich's versieht, wird der Schmidt Max von seinen neuen Kollegen in den See gestoßen, und wieder ragt nur sein Kopf aus dem Wasser.

»Io sono pilota! Pilota fantastico! Max Maxissimo di Ferraio di Baviera! Molto piacere volare con aeroplano di acqua! Urràà!« ◇

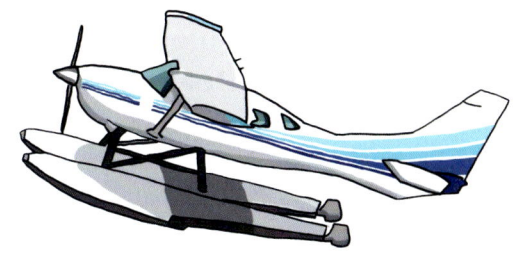

Aero Club Como
↗ www.aeroclubcomo.com

Hotel San Giorgio
📍 Via Regina 81
I-22016 Tremezzina
↗ www.sangiorgiolenno.com

AUF EINER KRÄUTERWANDERUNG
zur Hausapotheke Natur

»Aufklärung«, so hat es der Schmidt Max im Geschichtsunterricht gelernt, »ist laut Immanuel Kant der Ausgang des Menschen aus seiner selbst verschuldeten Unmündigkeit.« Nur, wie weit sind wir mit dieser Einstellung gekommen? Ist es aufgeklärt und mündig, jeden Katarrh mit einem vom Arzt verschriebenen Antibiotikumbombardement zur Strecke zu bringen?

Der Schmidt Max findet: nein. Man sollte vielleicht nicht unbedingt einen Blinddarm selber rausoperieren wollen, auch dann nicht, wenn man dafür ein Schweizer Offiziersmesser zur Verfügung hat, aber ein gewisses Maß an naturheilkundlicher Autonomie kann sicher helfen, Alltagswehwehchen zu kurieren und insbesondere die dunkle Jahreszeit so gesund wie möglich zu überstehen.

Gegen welche Beschwerden welches Kraut gewachsen ist, will der Schmidt Max genauer wissen und begibt sich zu Christine, einer Frau, die früher vielleicht als »Kräuterhexe« bezeichnet worden wäre, im heutigen Sprachgebrauch jedoch eine Phytotherapeutin ist, eine Pflanzenheilkundlerin, die seit dreißig Jahren Medizin selbst herstellt und Kräuterkurse gibt.

Die Autonomie beginnt beim kundigen Sammeln der Heilpflanzen.

»Wichtig ist, Schmidt Max, dass du das Sammeln in deinen Alltag einbaust. Am Anfang reichen zwei, drei Pflanzen, die du kennst. Aus

Mindestens zehnmal so viel Eisen wie Spinat, wärmend und durchblutungsfördernd: die Brennnessel, Königin der Heilpflanzen

den paar Sachen, die wir sammeln, können wir schon eine Salbe machen, einen Tee oder eine Tinktur.«

Man muss sich zum Sammeln keineswegs auf Pfade fernab der
Zivilisation begeben und schon gar nicht eine abgelegene Bergwiese nach
einem raren Kraut absuchen. Von den Pflanzen, die oft helfen, wachsen
auch viel. Nicht nur auf dem Land.

»Da schau her, Schmidt Max. Die Königin der Heilpflanzen. Die findest du überall.«

»Aber des is ja – des is ja einfach bloß a Brennnessel –?«

»Ganz genau. Von der kannst alles nehmen. Die hat zehnmal so viel
Eisen wie Spinat, ist wärmend, des brauchen wir im Winter, und sie
ist durchblutungsfördernd. Des is speziell für einen Mann oft von
Vorteil.«

»Äh – ja, i versteh scho.«

Ein Stück weiter auf einer Wiese der nächste Fund.

»Schmidt Max, schau einmal her – da! Riech einmal dran!«

»Majoran?«

»Dost. Wilder Majoran. Das Kraut der Aphrodite. Enthält Gerbstoffe und Pflanzenfarbstoffe, die stärkend für Magen und Darm und

Heilpflanzenkundlerin Christine Kohlhofer-Lütje stellt schon seit 30 Jahren selber Medizin her – und der Schmidt Max schaut schon ganz »gsund«

krampflösend sind. Getrocknet hilft der Dost als Tee bei Husten und Erkältung.«

Zusammen mit Christine verwandelt sich noch die harmloseste städtische Wiese in eine Naturapotheke. An einem Bachlauf im Park wächst Brunnenkresse – ein pflanzliches Antibiotikum mit reichlich Vitamin C.

»Probier mal, Schmidt Max!«

»Des soll i essen?«

»Ja. Einfach reinbeißen!«

»Aber wenn etz da scho amoi a Hund draufbieselt hat – oder, no schlimmer, wenn er ...«

»Am Fuchsbandwurm ist in Deutschland noch keiner gestorben. Und weißt was, von der Brunnenkresse solltest dir immer ein bisserl was mitnehmen und essen. Die beste Vorbeugung für den Winter!«

Nach dem Sammeln kommt das Verwerten der Kräuter dran, auch wenn der Schmidt Max nach dieser Exkursion noch lang kein Heilkräuterexperte ist. Doch Hauptsache, er hat erst einmal Christines Botschaft verinnerlicht: »Augen auf, hinschauen, man findet überall was!«

Weitere Kräuter lernt er von den fortgeschrittenen Kursteilnehmern kennen, die sich in Christines Atelier eingefunden haben, mitsamt ihrer Beute – Spitzwegerich zum Beispiel. Als Tee hilft er bei Atemwegsbeschwerden und Husten. Als Tinktur wirkt er auf frischen Wunden wie ein natürliches Pflaster, und die kann jeder selber herstellen: die Blätter in ein Glas geben, mit Schnaps aufgießen, drei Wochen an einem sonnigen Ort stehenlassen – fertig. Die Wirkstoffe der Blätter sind in die Flüssigkeit übergegangen, von der man als Profi stets ein Sprühfläschchen in der Reise- und Wanderapotheke haben sollte – wirkt auch bei Insektenstichen lindernd.

Die Herstellung eines Erkältungsbalsams erfordert ein wenig mehr Arbeitseinsatz, aber auch der ist überschaubar: Fichtennadeln, Gundermann, Dost und weitere Kräuter werden in getrockneter Form zermörsert, mit Olivenöl angereichert und dann, für die Salbenkonsistenz, mit Bienenwachs verrührt, das man zuvor wie Parmesan zu Flocken gehobelt hat.

DIE KRAFT DER KRÄUTER AUF EINEN BLICK

Brennnessel: Bei Rheuma und Prostataerkrankungen; enthält Eisen, Kieselsäure und Vitamin C; wirkt entgiftend, entwässernd und als allgemeines Stärkungsmittel.

Dost: Gut bei Magen-Darmbeschwerden, Erkältung und Husten; enthält ätherische Öle, Bitter- und Gerbstoffe; wirkt antiseptisch.

Gundermann: Hilft bei Halsschmerzen und Atemwegserkrankungen; enthält Gerbstoffe, Bitterstoffe, Vitamin C und ätherische Öle; pflanzliches Antibiotikum.

Hagebutte: Hilft bei Halsschmerzen und Atemwegserkrankungen; enthält Gerbstoffe, Bitterstoffe, Vitamin C und ätherische Öle; pflanzliches Antibiotikum.

Holunder: Hilft bei Halsschmerzen und Atemwegserkrankungen; enthält Gerbstoffe, Bitterstoffe, Vitamin C und ätherische Öle; pflanzliches Antibiotikum.

Spitzwegerich: Zur Wundheilung sowie bei Husten und Erkältungen; enthält Schleimstoffe; wirkt schleimlösend und auswurffördernd.

»Auch den Gundermann, Schmidt Max, findest du praktisch überall am Wegesrand. Er enthält Gerbstoffe, Vitamin C und Bitterstoffe.
Deshalb ist er entzündungshemmend und hilft bei chronischem Husten,
Halsschmerzen und Schnupfen. Da kommt wahrscheinlich auch sein
Name her – ›Gund‹ ist nämlich ein altes Wort für ›Eiter‹. Und weißt du,
warum unsere hausgemachte Salbe so gut wirkt? Die ätherischen Öle
ziehen mit dem Bienenwachs und dem Olivenöl über die Haut ein und
wärmen die Bronchien von innen, helfen beim Entschleimen und Ab-
husten. Aber wenn du dir ein Wick VapoRub kaufst – da ist Menthol
drin. Die Vaseline, mit der es vermischt ist, bleibt auf der Brust. Du
kriegst zwar eine freie Nase, aber es zieht nicht ein.«

Es mag eine Art Placeboeffekt sein – doch allein schon das Herstellen der Naturmedizin, begleitet von Christines Erläuterungen, fühlt sich
für den Schmidt Max an, als nehme er ihre Heilkräfte in sich auf. Vor-
aussetzung ist natürlich, dass man die richtigen Sachen gesammelt und
keinen Missgriff getan hat, womöglich einen giftigen. Wie aber prägt
man sich die Pflanzen ein, damit sie einem im Lauf der Zeit zu guten

»Des is ganz klar a Dings, a Dost vielleicht, und der hilft, also der hilft
ganz gwiss gegen ... gegen ganz vui!«

Nicht nur Holunderblüten haben heilsame Kräfte (etwa als Sirup im Hugo), gerade die Beeren stecken voller wichtiger Wirkstoffe

Freunden werden? Der Schmidt Max greift zu einem simplen, doch wirkungsvollen Mittel, für das man ihn damals in der Schule als Streber verprügelt hätte, das ihm aber im Kräuterkurs Anerkennung einbringt: selbstgebastelte Kärtchen. Mit aufgeklebten Referenzblättern auf der einen, Bezeichnung und Wirkung auf der anderen Seite, die man zur Vervollkommnung nur noch laminieren muss. Dann kann man sein persönliches Heilkräuterverzeichnis stets bei sich tragen.

Die Aktion Mundraub

Warum weit gereistes Obst im Supermarkt kaufen, wenn es gleich um die Ecke wächst? Das Internetportal Mundraub zeigt, wo es herrenlose Obstbäume gibt. Von Apfel bis Zwetschge, von Flensburg bis Füssen. Und an diesen »Fundorten« können Sie völlig legal Obst, Nüsse, Beeren und Kräuter ernten. Für diese Idee haben die Macher von Mundraub bereits zweimal den Preis der Bundesregierung für nachhaltige Entwicklung bekommen.

Ausführlichere Informationen unter:

⚓ www.mundraub.org

Die selber gemachte Salbe aus Olivenöl, Bienenwachs und Heilkräutern
kommt als Erkältungsbalsam zum Einsatz

Und apropos Schule: Um den Menschen aus seiner medizinischen Unmündigkeit zu befreien, sollte man ihm lieber weniger Kant und dafür mehr Naturheilkunde beibringen, überlegt der Schmidt Max. Kräuter sammeln, trocknen und verarbeiten schon in der Grundschule, mit Christine als Lehrerin, das wär's! Die Kinder hätten bestimmt viel Freude daran und würden wirklich was fürs Leben lernen. Vielleicht sollte er selbst so eine Schule gründen. Die Schmidt-Max-Universalschule! Da gäbe es dann auch Fächer wie »Lagerfeuerküche« (siehe Seite 230). Oder er würde ihnen beibringen, wie man die Plätze findet, an denen man mitten in der Stadt Obst, Nüsse und Beeren ernten kann – ganz umsonst! Nachdenklich betrachtet er die gesammelten Kräuter auf dem Tisch. Welches von ihnen war es bloß, das seine Gedanken derart beflügelt hat? ◇

Kräuterwandern
Christine Kohlhofer-Lütje bietet auf ihrer Webseite neben
Produkten wie Hydrolaten und ätherischen Ölen
auch Heilkräuter-Kurse an:
↗ www.durchdiegaerten.de

Zubereitungshinweise

Für die Tinktur braucht man: Kleine Gläser mit Deckel | Alkohol (38 %) | und das Heilkraut: z. B. Spitzwegerich

Das Kraut zerkleinern, ins Glas geben, mit Alkohol aufgießen und für 3 Wochen auf die Fensterbank in die Sonne stellen. Zum Schluss abseihen und Tinktur in kleine dunkle Fläschchen abfüllen. Hilft bei Mückenstichen sowie kleineren frischen Wunden und gegen Husten.

Für die Salbe braucht man: Olivenöl | Bienenwachs | einen Topf | Majoran (Dost) und Fichtennadeln | evtl. Cajeput-Öl

Im Topf Öl und Wachs erwärmen, die klein geschnittenen Kräuter dazugeben, etwas köcheln und dann ziehen lassen. Zum Schluss so viel Wachs zugeben, bis eine cremige Konsistenz entsteht. In kleine verschließbare Töpfchen abfüllen.

Für den Tee braucht man: frische oder getrocknete Kräuter, z. B. Spitzwegerich, Majoran, Gundermann, Brennnessel, Hagebutten | Honig | Himbeerblätter

Für einen weichen Tee die frischen oder getrockneten Zutaten heiß aufgießen, für einen harten Tee die Zutaten erst mit kaltem Wasser über Nacht ansetzen, dann aufköcheln und zum Schluss abseihen. Tee immer mit Honig trinken, da nur so die ätherischen Öle ins Blut gehen. Und Himbeerblätter sind wie Sahne im Tee!

Eine Audienz
BEIM PAPST

An einem trüben Herbstmorgen steht der Schmidt Max an der vereinbarten Haltestelle in Garching und wartet auf seinen Reisebus. Wer allerdings glaubt, der Schmidt Max würde am selben Abend mit zwei Rheumadecken, einem Pfund Markenkaffee und einem Dutzend Eiern wieder zurückkehren, der irrt. Vielmehr wird der Schmidt Max an seinem Reiseziel einen Stapel Schlafsäcke für Obdachlose abgeben und außerdem, wenn alles hinhaut, dem Papst persönlich die Hand drücken. Oder sich von ihm die Hand drücken lassen, das weiß er noch nicht genau. Dass den pünktlich heranrollenden Bus ein großes Papstkonterfei ziert, ist sicherlich als gutes Omen zu werten. An Bord sind 21 Pilger sowie der Pfarrer Martin Geistbeck, der sie durch Assisi und Rom geleiten wird.

Nun ist zwar der Schmidt Max einerseits Katholik, gehört aber andererseits weiß Gott nicht zu den hundertfünfzigprozentigen. Doch Herr Jorge Mario Bergoglio alias Papst Franziskus imponiert ihm in vielerlei Hinsicht, insbesondere durch die Hilfe, die er den Ärmsten angedeihen lässt. Papst Franziskus hat dafür gesorgt, dass auf dem Petersplatz Duschen und Toiletten für Obdachlose eingerichtet werden, er hat 4 000 Obdachlose aus ganz Europa zu sich eingeladen und führt sein eigenes Leben so bescheiden wie möglich.

Auch Pfarrer Geistbeck schwärmt. Papst Franziskus nimmt sich Zeit für jeden, sagt er, und hat ein Herz für jeden – und wenn bei einer Generalaudienz ein Kind spontan auf ihn zuläuft, um ihn zu umarmen, dann wird eben der Zeitplan ebenso spontan angepasst. Noch aber ist die Pilgergruppe vier Tage und knapp tausend Kilometer vom großen

Termin mit dem Papst entfernt. Zuerst steuert der Bus Assisi an, die Heimatstadt des heiligen Franziskus; ihr widmen die Reisenden den ganzen folgenden Tag. Stadtführerin Valeria geleitet sie in einem ausführlichen Spaziergang von der Porta Nuova zur Basilika der heiligen Clara, von dort zur Basilika des heiligen Franziskus am anderen Ende der Stadt und erzählt, wie Franziskus, Sohn aus wohlhabendem Hause, sich freiwillig für ein einsiedlerisches Leben in Armut außerhalb der Stadtmauern entschied. Auch gehört zu seinem Leben, dass er einen Engel gesehen haben soll und in Begleitung des Engels wiederum die Jungfrau Maria und Gott selbst.

»Hierher«, sagt Pfarrer Geistbeck in der Basilika, »an den Ort seines Namenspatrons, der 1230 unter dem Hauptaltar beerdigt wurde, ist Papst Franziskus gleich nach seiner Ernennung gefahren, um in der Stille der Krypta ein Gebet zu sprechen.«

Ob es denn, fragt der Schmidt Max nach der Besichtigung, überhaupt schon einmal einen Papst namens Franziskus gegeben habe?

Mit Schlafsäcken als Spende für die Obdachlosen von Rom geht es im weltweit einzigen Papstbus auf Pilgerreise

Erster Zwischenstopp ist die Stadt des heiligen Franz von Assisi –
Francesco ist der erste Papst, der ihn zum Namenspatron hat

Der Pfarrer verneint. »Ich glaub«, fügt er hinzu, »dass es viele überrascht hat, dass es bislang noch keinen Papst Franziskus gab.«

Auf der anschließenden Fahrt von Assisi nach Rom hat der Schmidt Max gute zwei Stunden Zeit zum Sinnieren. Über einmalige Augenblicke im Leben zum Beispiel. Allein schon zum Papst zu fahren, ist eine sakrisch einzigartige Geschichte. Und jetzt ist er auch noch von allen 266 Päpsten, die es gab, der erste aus Lateinamerika, der erste, der dem Jesuitenorden angehört, und der erste Franziskus obendrein.

Aber apropos Franziskus – wie muss man sich das vorstellen, einen Engel sehen? Maria sehen, Gott sehen? Dem Schmidt Max spuken ein paar Gedichtzeilen durch den Kopf. Wer war das nur gleich wieder, der geschrieben hat, dass es ganz furchtbar sein muss, einem Engel zu begegnen? Oder gar von ihm umarmt zu werden?

Ein jeder Engel ist schrecklich … weiß der Schmidt Max gerade noch. *Und wenn einer mich an sein Herz nähme … ich verginge von seinem stärkeren Dasein …* oder so ähnlich. Je mehr der Schmidt Max in seinem Gedächtnis kramt und die Gedichtbruchstücke zusammensetzt, umso mehr kommt er zu dem Schluss, dass man die Begegnung mit einem Engel

In der Patriarchalbasilika St. Paul vor den Mauern feiern Pfarrer Martin Geistbeck und die Reisegruppe einen Gottesdienst

nicht einfach so wegsteckt. Wie also muss man sich einen Menschen wie den heiligen Franz von Assisi vorstellen, der einen so gewaltigen Anblick überlebt? Oder sollte man die Sache doch eher metaphorisch nehmen?

Ganz und gar nicht metaphorisch wird es dagegen sein, übermorgen dem Papst zu begegnen. Gut, dass sich der Pilgerbus etappenweise nähert und zunächst die Pilgerkirche St. Paul vor den Mauern ansteuert, anstatt auf direktem Wege in den Vatikan zu brausen. Zu St. Paul hat Pfarrer Geistbeck eine innige Beziehung: In Rom hat er sein sogenanntes Freijahr verbracht, die *Externitas,* und mit Vorliebe eben jene Kirche aufgesucht, um im Atrium nachzudenken und sich noch einmal auf den eigenen inneren Prüfstand zu stellen. Aber auch für die Pilger ist St. Paul eine wichtige Station; hier zelebriert Pfarrer Geistbeck mit ihnen den Gottesdienst an den Gräbern der Apostel.

Der Schmidt Max fühlt von Stunde zu Stunde, wie seine innere Anspannung steigt. Liegt es daran, dass sich das Tempo so sehr verlangsamt hat? Also erst die 800 Kilometer von München nach Assisi in einem Rutsch, und nun die letzten sieben Kilometer bis zum endgültigen Ziel von einem Innehalten zum nächsten? Ob es nicht besser gewesen wäre, die gesamte Pilgerreise etappenweise zu machen?

Eben sind sie in der Lateranbasilika angekommen, gewissermaßen der Mutter aller Kirchen des gesamten Erdkreises, der ersten Kirche überhaupt, tausend Jahre lang Sitz der Päpste, »und schaut her«, sagt der Pfarrer, »ihr erkennt ihn bestimmt, hier, der heilige Franziskus mit Blick zum Lateran, Franziskus, der die Stimme Gottes gehört hat, ›Franziskus, bau meine Kirche wieder auf!‹«, und während der Schmidt Max seinen Blick vom Franziskus zur prächtigen Kassettendecke des Hauptschiffs schweifen lässt, beschäftigt ihn die Frage, ob man in früheren Zeiten nicht auf bessere Weise gepilgert ist. Zu Fuß, in gleichbleibenden Tagesetappen. Auf diese Weise hätte man sich von Tag zu Tag mit immer mehr Heiligkeit aufgeladen, quasi, während man, umgekehrt, sein Alltagsleben immer weiter hinter sich gelassen hätte, und so eine innere Unruhe, wie sie in ihm wächst, wäre gar nicht erst aufgekommen. Tagsüber hätte man sie in Bewegung abgeleitet, zwischendurch hätte man sie sich an Marterln und in Kapellen am Wegesrand weggebetet, und abends wäre man in einer Pilgerherberge todmüde auf ein Strohlager gesunken und sofort eingeschlafen.

Aber er, der Schmidt Max? Er sitzt am Abend in seinem Hotelzimmer, lässt die Eindrücke des Tages an sich vorüberziehen und denkt darüber nach, wie man einen Papst angemessen begrüßt. Es kann ihm nämlich blühen, dass er in der *prima fila* stehen wird, in der ersten Reihe, die der Papst abschreitet. Da sagt man nicht einfach »Grüß Gott, Herr Papst!«, als ob er der Nachbar wäre, dem man im Treppenhaus begegnet. Da sagt man garantiert etwas anderes. Aber was? Und in welcher Sprache überhaupt?

Am nächsten Morgen schnappt er sich den Pfarrer Geistbeck und geht mit ihm einen Cappuccino trinken.

»Also nur einmal angenommen, ich krieg noch Post vom Vatikan mit dem Ablass... äh, Einlasszettel zur *prima fila*. Was mach ich denn da, wenn der Papst vor mir steht?«

»Du gibst ihm die Hand.«

»Und *wie* geb ich ihm die Hand?«

»Ganz normal. Freundlich. Ehrfurchtsvoll. – Auf keinen Fall zusammenquetschen!«

»Ja, eh klar. Und wie sprech ich ihn an? Kann ich da auf Bairi... äh, ich mein, auf Deutsch –?«

»Also eigentlich ist ja seine Muttersprache Spanisch, weil er in Argentinien geboren und aufgewachsen ist. Italienisch spricht er natürlich auch, seine Familie stammt von hier und ist in den Dreißigerjahren ausgewandert. Aber Deutsch kann er genauso. Muss er können, er hat ja in Frankfurt studiert. Manche sprechen ihn aber auch auf Englisch an.«

»Und die Anrede?«

»Schmidt Max, du bist furchtbar nervös. Komm, wir gehen jetzt spazieren, und du schaust dir an, wo der Papst überhaupt wohnt.«

Auf dem Spaziergang erfährt der Schmidt Max, dass es mehrere Möglichkeiten gibt, den Papst anzureden. »Eure Heiligkeit«, kann man sagen. Oder »Heiliger Vater«. Auch: »Papa Francesco«.

»Also vielleicht: ›Buongiorno, Papa Francesco‹?«

»Zum Beispiel.«

Sie nähern sich einem Tor, bewacht von der blau-gelb gewandeten Schweizergarde.

Die Schweizergarde bewacht im Vatikan die Eingänge zum Papst, da ist auch mit bayerischem Humor kein Durchkommen

Pfarrer Geistbeck indes kennt das Sesam-öffne-dich-Wort.

»Wir möchten zum Campo Santo Teutonico, bitte!«

Es handelt sich um den deutschen Friedhof für Pilger, die nach Rom gepilgert sind und nicht mehr nach Hause zurückkehren konnten. Doch hat Pfarrer Geistbeck den Schmidt Max nicht nur deswegen hierhergeführt, weil es sich um eine wunderschöne grüne Oase handelt, sondern auch, um ihn quasi ein Stück näher an den Papst heranzuführen.

»Jetzt bist du ihm ganz nah. Da drüben wohnt er nämlich – im Gästehaus Santa Marta.«

»Also ganz schlicht? Er hat gar keine eigene Wohnung?«

»Er hätte die päpstliche Residenz im Apostolischen Palast beziehen können. Aber er hat es vorgezogen, hier im Gästehaus zu bleiben. Bis an den Zaun kannst du hingehen. Vielleicht hast du ja Glück, und er schaut zum Fenster raus irgendwo!«

Er schaut aber nicht heraus. Meint er gewiss nicht böse – er wird andere Dinge zu tun haben, als den ganzen Tag lang Ausschau zu halten, ob zufällig ein gewisser Schmidt Max aus München am Zaun steht. Oder sollte er ganz heimlich aus dem Fenster gelugt haben?

Am Abend nämlich bekommt der Schmidt Max eine Eilpost vom Vatikan, die ihm unter der Hotelzimmertür hindurchgeschoben wird. Darinnen die Karte für die *prima fila.* Die *prima fila!* Sein Herz macht einen Hüpfer, als hätte er drei Espresso hinuntergekippt. Also, wenn ihm das jemand damals im Kommunionsunterricht gesagt hätte, dass er vierzig Jahre später in der *prima fila* … wobei er ja gar nicht gewusst hätte, was das überhaupt ist, die *prima fila,* da hätte er den Pfarrer fragen mü… egal, jetzt aber geschwind den dunklen Anzug aus dem Koffer geholt und ausgebürstet! Am besten wird sein, er probiert ihn gleich noch einmal an. So – gut schaust aus, Schmidt Max. Wirklich gut. Aber ist das so wichtig? Vergiss nicht – das ist morgen kein Rendezvous und auch nicht die Eiserne Hochzeit von der Tante Hilde, sondern … also, auch wenn er in Lumpen gehüllt wäre, müsste doch der Papst erkennen: Das ist der Schmidt Max, und er kommt reinen Herzens. Jedenfalls versucht er es.

Wenn er aber schon einmal im Anzug vorm Spiegel steht, kann er vielleicht noch schnell die Begrüßung üben, bevor er sich bis zum

Morgengrauen schlaflos im Bett wälzen wird. Was hat Pfarrer Geistbeck gesagt? Der Schmidt Max hat sich's aufgeschrieben. Wo ist der Zettel? Ah, hier: *Eure Heiligkeit. Heiliger Vater. Papa Francesco.* Am besten gefällt ihm *Papa Francesco.* »Buongiorno, Papa Francesco!« wird er also morgen sagen. Und wenn er Glück hat, geht ein Regenguss nieder, und er wird seine Befangenheit notfalls unter dem Regenschirm verstecken können … aber halt! Er braucht ja freie Hände, weil er morgen zwei der Spendenschlafsäcke übergeben wird … Schmidt Max, sagt er sich schlussendlich, Schmidt Max … bleib einfach der Mensch, als den dich Gott geschaffen hat, und nichts wird schiefgehen …

Ein Prachtwetter am nächsten Tag. Tausende auf dem Petersplatz versammelt. Der Papst fährt im offenen Wagen durch die Menge. Dann begibt er sich auf die Bühne und spricht – worüber, wird der aufgeregte Schmidt Max später nachlesen. Es folgt das Vaterunser. Die öffentliche Segnung. Und schließlich schreitet der Papst die *prima fila* entlang. Unwillkürlich schielt ihm der Schmidt Max auf die Schuhe – kein Prunk,

Franziskus sucht nicht nur am Petersplatz die Nähe der Menschen, der Kontakt zu den Ausgegrenzten spielt eine wesentliche Rolle für ihn

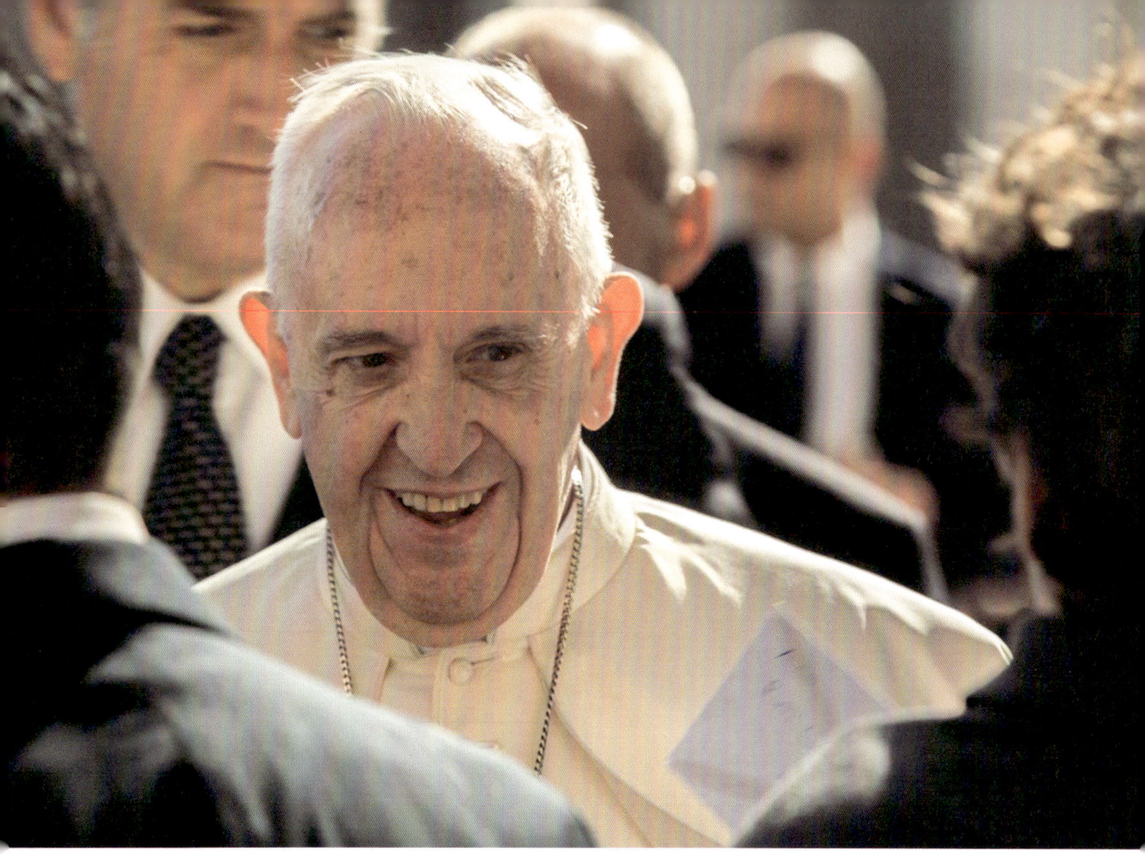

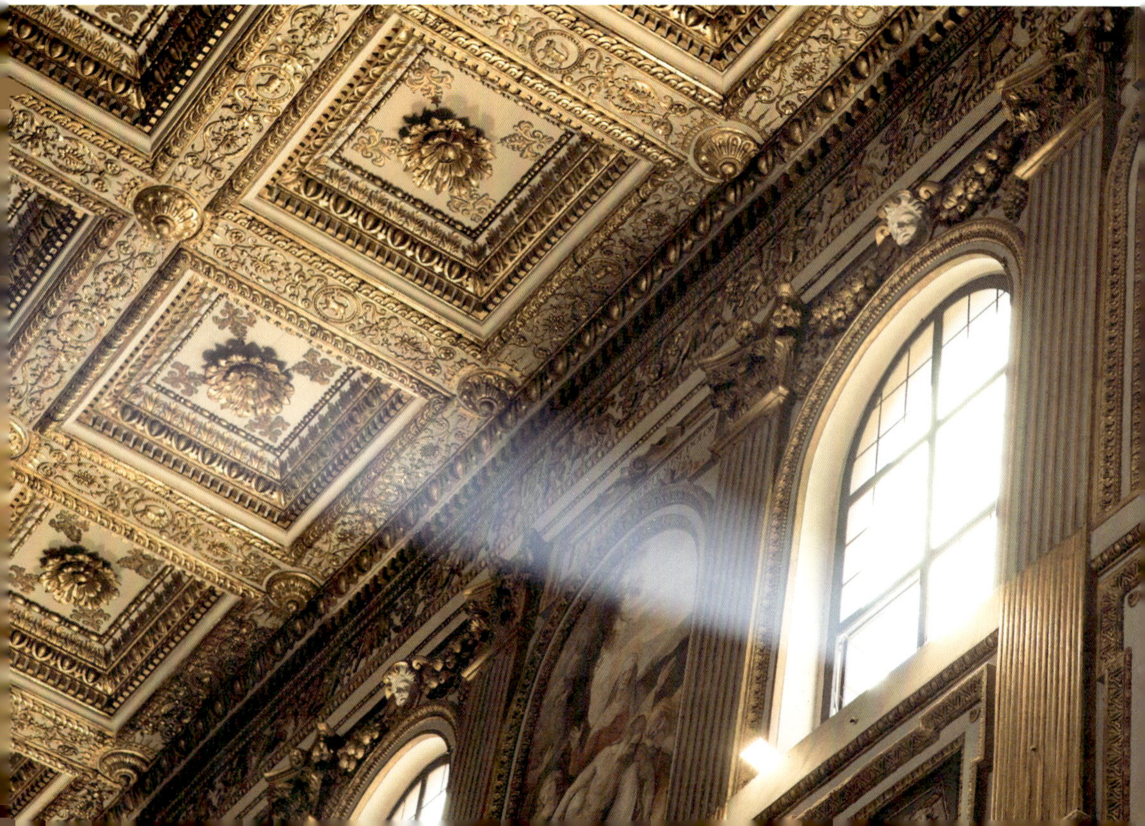

sondern schlichte schwarze Gesundheitsschuhe. Dann steht er auch schon da, der Papst, und schenkt dem Schmidt Max ein Lächeln zum Händedruck dazu.

Jetzt könnte eigentlich all die Anspannung von ihm abfallen. Hier steht einfach ein warmherziger Mensch vor ihm, dem an Amt und Würden nicht übermäßig viel gelegen ist, das spürt man. Deshalb spürt der Schmidt Max auch schlagartig den Kloß in der Kehle nicht mehr, als er in seinem besten Italienisch »Buongiorno, Papa Francesco!« sagt. *Schlafsack* und *Obdachloser* hat er zwar am Vorabend noch nachgeschlagen, aber leider wieder vergessen. Doch Papst Franziskus weiß die Spende, die ihm überreicht wird, auch ohne viel Worte richtig einzuschätzen als auch wertzuschätzen, und spricht dem Schmidt Max seinen Dank und Segen aus. Er kam, sah und freute, könnte man vielleicht sagen. Und wenn der Schmidt Max die freudige Miene des Papstes richtig liest, so steht darin auch geschrieben, dass er es sich nicht nehmen lassen wird, die Schlafsäcke persönlich an die Bedürftigen zu verteilen.

Nun aber schreitet Franziskus weiter. Die Zeit bleibt ebenfalls nicht stehen und macht mit dem besonderen Augenblick im Leben des Schmidt Max dasselbe wie mit allen anderen Augenblicken, mögen sie besonders sein oder nicht: Sie reißt ihn mit sich fort und lässt ihn zu Vergangenheit gefrieren. In diesem Fall: zu einer Perle in der Vergangenheit. Und der Schmidt Max wird die Perle dieser einmaligen Begegnung in seinem Inneren immer wieder hervorholen. Das weiß er jetzt schon. ◇

Nostalgie pur:
SKIFAHREN WIE VOR 100 JAHREN

Der Schmidt Max hat bekanntlich Stil. Sinn für Nostalgie hat er ebenfalls. Deshalb fährt er ja auch nicht mit einem rollenden Computer in der Weltgeschichte umeinander, sondern mit seinem alten Opel Kadett; in einen Skianzug, der farblich wie ein Textmarker gestaltet ist, bringen ihn keine zehn Pferde hinein. Und genau deshalb hat's ihn sofort gepackt, als man ihm gesteckt hat, dass es in St. Englmar im Bayerischen Wald ein Nostalgieskirennen gibt.

Nun könnte man sich die erforderliche Nostalgieausrüstung wahrscheinlich im Internet zusammenbestellen. Auf ebay oder so. Aber weil gerade in diesem Fall der Online-Einkauf ein unverzeihlicher Stilbruch wäre, begibt sich der Schmidt Max ganz analog, mit seinem Opel also, nach Wallgau bei Garmisch-Partenkirchen zum Analog-Einkauf bei Sebastian Sprenger und Julia Hagn, ihres Zeichens nebenberufliche Sammler und Aufbereiter alter Skiausrüstungen. Dort wird der Schmidt Max sofort verstanden, als er seine Wünsche äußert. Nämlich nach einem Paar Ski, mit denen er garantiert Letzter wird, die eine Bindung haben, aus der es ihn garantiert raushaut, und Lederschnürschuhen dazu, in denen er trotz zwei Paar Wollsocken übereinander saukalte Füße kriegt.

»Ja, Schmidt Max, da haben wir schon was für dich. Da schau her, nigelnagelneue alte Ski. Die ham no koan Schnee und koa Bindung gsehn.«

Die Bindung bekommen sie vom Sebastian draufgeschraubt. Nostalgiebindung, versteht sich, ohne Fersenfixierung. Für den Erstkontakt mit dem Schnee wird der Schmidt Max sorgen müssen.

»Und die san aa ohne Stahlkanten?«

»Freilich.«

»Und ohne Belaglack?«

»Ehrensache!«

Kosten tut den Schmidt Max die Ehrensache nicht allzu viel. Man solle bezahlen, was einem die Gaudi wert ist, meint Sebastian, weil, kann ja immer sein, dass am Start die Bindung reißt, oder dass man sich das Kreuzband reißt, weil man zu fest in der Bindung steht, und dafür kann er natürlich keine Haftung übernehmen. Andererseits kann dies bedeuten, dass der Schmidt Max freiwillig einen größeren Betrag spendiert, wenn ihm nix reißt und er womöglich gar einen vorderen Platz belegt im Rennen.

Zum Abschluss drückt der Sebastian dem Schmidt Max noch ein original Nostalgiewerkzeug in die Hand. Falls er seine Ski noch mal einstellen muss oder die Bindung ausreißt – »dann wär da der Schraubenzieher drauf, und a Bohrer« – er wendet das gute Stück – »wär da drauf.«

»Oiso, i brauchat an Schnürschuah, in dem i garantiert saukalte Füaß kriag« – solchen Wünschen wird in Wallgau gerne Folge geleistet

Nun ist der Schmidt Max zwar in aller Welt als Teufelskerl bekannt, aber dennoch, einfach so Hals über Kopf stürzt er sich nicht ins Rennen, sondern absolviert vorher eine Blitzausbildung. Dies bei keinem Geringeren als dem amtierenden Vizeweltmeister im Nostalgieskifahren, Ludwig aus Geiselhöring, der außerdem amtierender Kaminkehrer ist. Mit Wohlwollen mustert er den Schmidt Max, der zu einhundert Prozent neonfarbenfrei in stilechten Knickerbockerhosen und einem zünftigen Janker angetreten ist.

»Guat schaugst aus! Des Oanzige wär, bei de Schuah tuast no Gamaschen drüber, dassd koan Schnee neikriegst. Aber so bist fesch beinander!«

Fesch beinander zu sein ist dem Schmidt Max eh von Natur gegeben, ist aber leider nur die halbe Miete. Obwohl er selbstverständlich Vorkenntnisse mitbringt.

»Alpinskifahren kannst?«

»Ja, des kann i.«

Die Optik mag täuschen: Im Bild nicht der junge Toni Sailer, sondern der Schmidt Max selber, mit seinen nigelnagelneuen alten Holzski

»Langlaffa aa?«

Wenn es einen Experten im Langlauf gibt, dann ist es der Schmidt Max, und dies ist, wenn man dem Ludwig glauben will, schon einmal ein Riesenvorteil. Trotzdem muss man sich umgewöhnen. Man steht nicht in einem festen Schalenschuh, man ist an der Ferse nicht fixiert, man hat keine Kanten und vor allem keine Skistöcke. Jedenfalls nicht zwei, sondern nur einen, der in Dimension und Handhabung an das Werkzeug eines venezianischen Gondoliere erinnert.

Deshalb bleibt auch das Tempo überschaubar, mit dem der Schmidt Max sich nun in eleganten Kurven hangabwärts schwingt. Wenn man ihm so zuschaut, stellt sich der Gedanke ein, dass der heutige alpine Ski-abfahrtslauf so etwas wie eine E-Mail ist, die, kaum hat sie den Start verlassen, auch schon am Ziel ist, während das Nostalgieskifahren in Tempo und Ästhetik viel mit dem handgeschriebenen Brief gemein hat. Mitsamt hübschen Sondermarken auf dem Kuvert.

Der Schmidt Max schlägt sich so wacker, dass der Ludwig ihn nach der eintägigen Ausbildung als voll renntauglich erklären kann.

Skilehrer Ludwig achtet darauf, dass sich der Schüler erst einmal im flacheren Gelände (und auch mental!) an das neue Material gewöhnen kann

Nur, ob er sich darüber so richtig vorbehaltlos freuen soll, das fragt er sich spätestens dann, als der große Tag in St. Englmar angebrochen ist und ihm klar vor Augen geführt wird, dass hier nicht etwa nur fünf oder zehn, sondern gefühlte Hunderte von Damen und Herren aller Alters-klassen angetreten sind. Dazu mindestens zehn Mal so viele, die ihnen zuschauen wollen – und damit auch ihm, dem Schmidt Max.

Wahrhaftes Nostalgieskifahren, denkt er sich jetzt, wäre das nicht eher so etwas Ähnliches, wie mit einem Horch oder Benz ganz allein über eine pappelgesäumte Chaussee zu tuckern, auf der vielleicht gera-de mal ein Pferdefuhrwerk unterwegs ist? Aber jetzt gibt es kein Zurück mehr, schon ist er bei den Herren von der Zugangskontrolle angelangt, die seine Ausrüstung prüfen und auch gutheißen – auf Sebastian und Julia kann man sich also verlassen. Lediglich die Handschuhe werden moniert – »bei uns fährt man ohne!«

Nun bleibt noch ein wenig Zeit, um mit kalten Füßen und Händen herumzuspazieren und die Konkurrenz zu sondieren, die zwischen sie-ben und 73 Jahre alt ist und sich auf *Kinder- und Jugendklasse, Meister-*

Vor dem Start werden noch alle Teilnehmer darauf eingeschworen,
nicht zu bescheißen (keine Fersenfixierung!) und »a Mordsgaudi zu hom«

Optisch auf jeden Fall, aber ob die Rautenkrawatte auch zwecks
Windschnittigkeit mit den Zebraanzügen des DSV mithalten kann ...?

klasse der Damen und Herren sowie *Meisterklasse der alten Damen und
Herren* verteilt. Die Konkurrenz, so erweist sich, muss man nicht allzu
sehr fürchten; fast jeder beteuert, er sei nur wegen der Gaudi da. »Freili duad ma scho so, als wenn ma gern den Sieg hätte. Aber es ist einfach
aa lustig, wenn's oan schmeißt.«

Für andere geht es auch um die Wiederbelebung einer vom Aussterben bedrohten Kunst – »einfach fahren, wie ma früher gfahrn ist.
Dass ma sagt: I kann des no, i fahr no mit die Füaß, und net: Der Ski
fahrt ganz alloans.« Ebenso um die Wiederbelebung einer alten lokalen
Tradition; schon vor über hundert Jahren fanden in St. Englmar die ersten Skirennen statt.

Kurz vor dem Start informiert den Schmidt Max noch einer der
freundlichen Gaudi-Skifahrer, dass es gleich drunter und drüber gehen
werde – weil nämlich auf Böllerschusskommando alle Teilnehmer einer
Klasse gleichzeitig losfahren.

»Gleichzeitig?!« Im Schmidt Max machen sich Bedenken breit, dass
St. Englmar sich binnen weniger Minuten in jenes legendäre gallische
Dorf verwandeln könnte, wo man von Gaudi ebenfalls ganz eigene Vor-
stellungen hatte.

Die »Genussklasse der älteren Herren ab 45 Jahren« beim offiziellen Pressetermin am Start – Haltungsnoten gibt es (leider?) keine

»Und wenn jetzt, beispielsweis, mir zwoa gleichzeitig an a Engstelle hikemma, wer is dann vorn?«

»Nach der Engstelle – i!«

Diese Auskunft nimmt der Schmidt Max zum Anlass, sich darauf zu besinnen, dass zur guten alten Zeit auch gute alte Benimmregeln gehören. Sollte keiner hier sie praktizieren, wird eben er mit gutem Beispiel vorangehen. Oder voranrutschen, je nachdem.

»Entschuldigung, derf i amoi vorbei?«, hört man also den Schmidt Max inmitten der Meute stets höflich fragen, ehe er zum Überholen ansetzt. Dass er auf diese Weise nicht Erster und auch nicht Zweiter wird, sondern im Mittelfeld über die Ziellinie kommt, ist klar – ebenso klar aber auch, dass er einen unvergesslichen Eindruck hinterlassen hat. Wie immer halt. ◇

Wissenswertes rund ums Skifahren

... findet man in einem der vielfältigen bayerischen Skimuseen. Der Schmidt Max hat seine Nachforschungen im Bayerischen Wald begonnen: im Skimuseum in den NaturparkWelten.

⬈ www.naturparkwelten.de

Infos zum Nostalgie-Rennen unter:

⬈ www.urlaubsregion-sankt-englmar.de

Zu Besuch
IM ERDBEER-HIMMEL

Erdbeeren lieben die meisten so sehr, dass sie sie gleich vernaschen. Gut, es gibt noch Erdbeereis, Erdbeerkuchen und Erdbeermarmelade. Doch scheint dies dem Schmidt Max nach seinen circa fünfzig Jahren Liebesbeziehung zur Erdbeere ein bisserl wenig. Da müsste doch noch mehr möglich sein als einfach bloß so von der Hand in den Mund ..?

Um das rauszukriegen, fährt man am besten in eine der Gegenden, wo die besten Erdbeeren gedeihen. An den Bodensee zum Beispiel, genauer gesagt, nach Reute am Ostufer des Bodensees. Dort soll inmitten von 4 000 Quadratmetern Erdbeerlatifundien ein wahrer Erdbeerfreak zu Hause sein, Erich Pfleghaar, ein gelernter Modellbauer, der vor vielen Jahren seinen Beruf an den Nagel gehängt hat, um sich ganz seiner Lieblingsfrucht zu widmen.

Als der Schmidt Max sein Auto abgestellt hat, erkennt er Erich schon von Weitem am erdbeerroten Sweatshirt. Und Erich ihn vielleicht an seinem Opel Kadett.

»Du bisch also der Schmidt Max? Willkommen in meinem Erdbeerparadies. Oder Erdbeerhimmel, ganz wie du willscht.«

Hier sind ungefähr so viele Erdbeeren auf einmal versammelt, wie der Schmidt Max in seinem Leben je gegessen hat und noch essen wird – vorausgesetzt, er wird ungefähr fünfhundert Jahre alt und hält fortan strikte Erdbeerdiät. Was ihm vielleicht gar nicht so schwerfallen wird, wenn er erst einmal gelernt hat, das Potenzial der Erdbeere voll auszuschöpfen. Der erste Biss in die Erdbeere, die Erich ihm hinhält, lässt ihn daran zweifeln, ob das wirklich immer Erdbeeren waren, die er im

Supermarkt unter der Bczeichnung »Erdbeeren« gekauft hat. Irgendwie zwar schon. Aber verglichen mit der Frucht, die er jetzt im Mund hat, waren es eigentlich nur Kopien von Erdbeeren.

»Schon ein bissle was anderes als die normalen Weltsorten«, bemerkt Erich dazu. »Viel zu weich, viel zu reif – und viel zu gut.«

Sorte ist ein Stichwort, bei dem der Schmidt Max innerlich zusammenzuckt. Er hat halt einfach immer *Erdbeeren* gekauft. Komisch eigentlich – bei Äpfeln ist es ihm ja auch wichtig, dass er nicht nur in die Standardsorte Granny Smith hineinbeißt.

»Was wär denn jetzt so eine Weltsorte?«

»Eine Catango – oder so ähnlich. Transportfest. Billig zu produzieren. Macht viele Kilos. Superschön rot.«

»*Transportfest* hoaßt?«

»Hart. Wurffest.«

»Wurffest?«

»Die schmeißt man an die Wand, die kommt zurück und hat nicht mal eine Delle.«

Strawberry fields forever and from Erich, dem im besten Sinne
»Erdbeernarrischen« vom Bodensee

Man betrachte immer beide Seiten der Erdbeere: Rundum rot muss sie sein, erst dann ist sie richtig reif

»Und wos hob i etz grod probiert?«

»Eine Darselect. Die kann man zu fast allem nehmen, zum einfach so essen oder für Kuchen.«

Im Laufe der Führung lernt der Schmidt Max noch weitere Sorten kennen: Lambada zum Beispiel, klein und fein, Lieblingssorte der Dame des Hauses. Ebenfalls keine Supermarktware, da nur einen Tag haltbar – respektive, in der Hand des Schmidt Max, keine zwei Minuten. Oder Anais, Erichs Favorit für Marmelade.

Dann noch seine Eigenkreuzung, bestens geeignet für Rumtopf und Bowle. »Sie hat ein eigenwilliges Aroma, leicht säuerlich«, kommentiert er. »Es wechselt. So wie beim Chef.«

Im weiteren Verlauf der Erdbeerdegustation beginnt der Schmidt Max bereits, vom eigenen Anbau zu träumen. Was sagt der Fachmann dazu?

»Wichtig ist: ein Hochbeet oder ein Damm. Da bringt man auch aus einem schlechten Boden eine Erdbeere hin. Folie drauf, dann trocknet es nach oben minimal weg, drunter ist es immer leicht feucht, das ist ideal. Und der Abstand darf nicht zu eng sein. Je nach Sorte dreißig bis vierzig Zentimeter.« Von einem Balkonhängetopf rät Erich eher ab. »Da ist die Gefahr, dass die Frucht an der Kante abknickt, wenn sie zu schwer wird. Dann schmeckt sie nicht mehr.«

Vielleicht sollte man die Sache doch besser langsam angehen, denkt der Schmidt Max, und sich vom Erich lieber ein paar Einkaufstipps geben lassen.

»Woran siehg i denn, dass a Erdbeere guat is, wenn is kauf?«

»Sie muss auf der Vorder- und Rückseite dieselbe Farbe haben. Zwei verschiedene Farben heißt, sie ist nicht reif.«

Zum Abschluss der Besichtigung probiert der Schmidt Max zu einer Tasse Kaffee noch den hauseigenen Erdbeerkuchen.

»Oben gesund und unten Sünde«, lächelt der Chef. Aber vielleicht überwiegt ja in diesem Fall die Gesundheit, denn die Erdbeere hat es wirklich in sich – Vitamin C, Folsäure, Magnesium, Kalium. »Selbst Sebastian Kneipp hat die Erdbeere empfohlen. Für schwächliche Kinder soll man das Erdbeerblatt zu Tee verarbeiten, weil sie in der Wachstumsphase viele Nährstoffe im Blatt lagert.«

Für weitere Erdbeerspezialitäten empfiehlt Erich das *Restaurant Seehalde* der Gebrüder Gruler, nur ein paar Kilometer weiter, in Uhldingen. Dass sie die Erdbeeren von ihm beziehen, ist keine Frage – der Schmidt Max kann es deutlich aus Erichs Miene lesen.

Somit begibt sich der Schmidt Max als frischgebackener Erdbeerkunde-Fachmann nach Uhldingen, um dortselbst weiter zu avancieren, zum Fachmann in Erdbeerkochkunde. Einen schönen Gruß vom Erich ausgerichtet, und Küchenchef Markus Gruler empfängt den Schmidt Max mit offenen Armen und stellt ihm ein Drei-Gänge-Erdbeermenü in Aussicht. Vorausgesetzt, er packt tatkräftig mit an.

»Die Erdbeere, Schmidt Max, wird in der Küche heutzutag total unterschätzt. Dabei steckt da mehr Vitamin C drin als in der Orange! Pass auf, mir brauchet für die Vorspeis einen Filoteig. Des isch ein hauchdünner Strudelteig. Außerdem Ziegenfrischkäse, Erdbeeren vom Erich, Erdbeerblätter, ein bissle Honig, Schwarzkümmel, milde Schalotten. Isch ein ganz simples Rezept, des kannsch dahoim gut nachmachen.«

Der Teig ist wahrhaftig dünn – so dünn, dass der Schmidt Max ihn zunächst für Backpapier hält. So einen Teig muss man erst mal hinkriegen. Doch alles Weitere ist wirklich fast so simpel wie Erdbeeren

Auf dass mit den Rezepten von Koch Markus Gruler nie wieder jemand
den Wert der Erdbeere in der Küche vergesse

pflücken: Den Teig mit zerlassener Butter bestreichen, Ziegenkäse mit ein bisschen Schwarzkümmel darauf, zu einer Kugel formen, Erdbeerstücke andrücken, Honig drauf – »aber grad so a Klecksle! Mir machet ja a Vorspeis, koi Süßspeis!« – und den Teig drumrum falten, dass die Seiten schön verschlossen sind. Dann: die Erdbeerstiele gesellen sich kleingeschnitten zu den Schalotten, die Erdbeerblätter zum Spinat – »wenn du nur die Erdbeerblättle nehmen würdest, wärs a bissle arg her« –, leicht andünsten, salzen, pfeffern, und jetzt noch die Ziegenkäse-Täschle bei 180° Grad frittieren – fertig.

»Knuschprig, gell?«

Der Schmidt Max muss schweigen. Er hat nämlich den Mund voll und sorgt auch dafür, dass es so bleibt. Von dieser Geschmacksentfaltung möchte man sich nicht so schnell verabschieden. Die Süße der Erdbeeren, die herben Aromen ihrer Blätter, die Röstaromen vom Strudelteig – alles geht zu einer wahrhaften Geschmackssymphonie zusammen. Hmmm!

Es folgt die Hauptspeise: Erdbeer-Kimchi mit Bodensee-Felche – »bei euch in Bayern hoischt des Renke.« Und Kimchi ist im Grunde ein gesäuerter, das heißt fermentierter Chinakohl.

Das Schöne am Kochen mit Markus ist im Übrigen nicht nur das Ergebnis, sondern auch der mitreißende Enthusiasmus, den er versprüht, sodass der Schmidt Max beim Kochen gar nicht mehr merkt, dass er kocht.

»Und wichtig isch, Schmidt Max: Man muss der Erdbeere immer a bissle schmeicheln. Die möchte in den Vordergrund gerückt werden. Du kannsch koi Erdbeere mit, sag i mal, Schmorgerichten machen. Alternativ zum Fisch könnt ich mir hier noch helles Geflügel vorstellen – eine schöne Poulardenbrust vielleicht.«

Erneut haben Markus und die Erdbeere mit Assistenz vom Schmidt Max gezeigt, was sie können; salzig, süß und säuerlich finden zu einer perfekten Symbiose zusammen. Um als angehender Fachmann für Erdbeerkochkunde nach München zurückkehren zu können, muss der Schmidt Max nun nur noch den Nachspeisengrundkurs absolvieren.

»Die Erdbeere liebt es cremig«, gibt ihm der Markus als grundsätzlichen Tipp. »Also Erdbeere mit Joghurt, mit Quark, mit Vanilleeis. Aber mir machet jetzt was anderes: Erdbeermaultäschle mit Waldmeistereis.«

Am Ostufer des Bodensees kommen im Restaurant Seehalde nicht nur
frische Fische, sondern auch Erdbeeren aus der Region in den Topf

Der Teig besteht schlicht aus Weizenmehl, Eigelb, Wasser, Salz und
Butter. Die Erdbeere wird mit ein wenig Marzipan sowie wahlweise
Orangenlikör oder Orangenschalen aufgepeppt. Ein Gedicht!

»Und merk dir, Schmidt Max«, gibt ihm der Markus noch mit auf
den Weg, »dass man die frischen Erdbeeren nicht zuckert! Das tut ihnen nicht gut. Da werden sie bloß matschig und weich.«

Oh ja, der Schmidt Max merkt sich alles. Vielleicht wird es nicht so
weit kommen, dass er seinen eigenen Erdbeeranbau betreibt. Aber er
wird nie wieder einfach irgendwelche Erdbeeren kaufen, ohne auf die
Sorte zu schauen, und wird sie nur noch ausnahmsweise einfach so von
der Hand in den Mund nehmen. Stattdessen wird er mit dem Rüstzeug
vom Erich und Markus seine eigenen Erdbeerkreationen zaubern. Von
Erdbeer-Ingwer-Marmelade – natürlich nur mit der Sorte Anais! – bis
zum Erdbeer-Rumtopf. Mit der Eigenzuchtsorte vom Erich. Wie hieß
die gleich noch einmal? ◊

**Beeren- und Obsthof Pfleghaar
mit Hofcafé und -laden**
⚓ www.beerenzuegle.de

**Hotel Restaurant Seehalde,
Fam. Gruler**
⚓ www.seehalde.de

DREIGÄNGEMENÜ MIT ERDBEEREN

Zutaten für 4 Personen

1. Gang:
Ziegenfrischkäse im Strudelblatt mit Erdbeerspinat

Für den Ziegenfrischkäse: 4 Stück Ziegenfrischkäse je 50 g | 4 Stück Filoteig | 1 TL Imkerhonig | ½ TL Schwarzkümmel | Erdbeeren in Würfeln nach Gusto | 1 Stückchen Butter zum Bepinseln | Fett zum Ausbacken, z. B. Erdnussöl

Filoteig mit flüssiger Butter bestreichen, Ziegenfrischkäse-Medaillon mit Schwarzkümmel würzen und Honig marinieren, doppelt in den Filoteig einschlagen, bei 180 Grad im tiefen Fett frittieren – alternativ im Backofen bei 220 Grad Umluft knusprig backen.

Für den Spinat: 200 g junger Spinat | 100 g Erdbeerblätter (mit Stielen) | 1 Schalotte, klein gewürfelt | 1 TL Butter | Salz und Pfeffer, etwas Erdbeeressig oder milder weißer Balsamico zum Besprühen

Zwiebel in Butter glasig anschwitzen, klein geschnittene Erdbeerstiele zugeben. Dann Erdbeerblätter und Spinat hinzufügen, kurz mit-dämpfen lassen und mit Salz und Pfeffer würzen. (Junge Erdbeerblätter oder Blüten ggf. als Garnitur aufbewahren.)

Fertigstellen: Knusprigen Ziegenfrischkäse auf dem Erdbeer-Blattspinat anrichten, klein gewürfelte Erdbeeren mit etwas Essig mariniert drapieren. Als Garnitur die Blüten und jungen Blätter von der Erdbeere, ebenfalls leicht mit Essig mariniert, anlegen.

2. Gang:
Bodenseefelchen mit Erdbeer-Kimchi

Für das Bodensee-Felchenfilet: 500 g Bodensee-Felchenfilet |
1 EL Mehl zum Bestäuben | 1 EL Butterschmalz | 1 Stückchen Butter |
Salz zum Würzen

Felchenfilet mit einer Pinzette entgräten, in 4 gleich große Stücke teilen.
Salzen, auf der Hautseite leicht mit Mehl bestäuben, in der heißen
Pfanne auf der Hautseite in Butterschmalz anbraten. Die Butter
zugeben und kurz wenden.

Für das Kimchi: 1 Chinakohl | 70 – 80 g Salz | 20 g Reismehl |
400 ml Wasser | 1 EL Zucker | 15 g frischer Ingwer gerieben |
1 Karotte, in feine Stifte geschnitten | 3 – 4 EL Chiliflocken medium |
½ TL getrocknetes Scotch-Bonnet-Chilipulver | 200 – 400 g Erdbeeren,
je nach Gusto

Chinakohl halbieren, vom Strunk befreien und dritteln. Die Blätter
ansalzen und im tiefen Wasserbad waschen. Das Ganze dreimal
wiederholen, danach abtropfen lassen.

Währenddessen mit dem Reismehl und Wasser einen Porridge kochen,
glattrühren oder mixen, Zucker zufügen. Den Chinakohl nochmals
ansalzen, leicht kneten, abwechselnd mit Chili-Pulver und Porridge
sowie den gestiftelten Karotten und geriebenem Ingwer in ein Gefäß
einschichten. Mindestens drei bis vier Tage an einem kühlen Platz
fermentieren lassen. Durch die Milchsäuregärung entsteht ein fein-
säuerliches Aroma.

1 – 2 Stunden vor dem Servieren Erdbeeren in Würfel oder Scheiben
schneiden und beigeben – wer möchte, kann etwas frisch pürierte
Erdbeeren mit unter die Kimchi-Marinade geben.

Anrichten: Kimchi mit den Erdbeerstückchen auf dem Teller mittig
anrichten, etwas von dem Sud/Marinade außen herum nappieren
(den Sud evtl. mit Speisestärke leicht abbinden). Das glasig gebratene
Fischfilet mit der Hautseite nach oben anlegen.

3. Gang:
Erdbeermaultäschle mit Waldmeistereis

Für den Raviolibackteig: 150 g Mehl | 30 g Butter | 2 – 3 Tropfen Öl |
1 Eigelb | 40 ml Wasser | Prise Salz

In das Mehl eine Kuhle formen, darin wachsweiche Butter, Eigelb,
Öl, Wasser und Salz geben. Alles zu einem glatten Teig kneten.
Mindestens 2 Stunden ruhen lassen.

Für die Erdbeerfüllung: 5 große vollreife Erdbeeren, gewürfelt |
½ EL geröstete Mandeln | 20 g Marzipan | 1 cl Orangenlikör

Den Teig dünn ausrollen und in zwei Bahnen teilen. Mit einem Teelöfel
die Füllung mit Abstand auf einer Teigbahn verteilen, mit Wasser
besprühen. Die andere Teigbahn darüberlegen; darauf achten, dass
keine Luftblasen dazwischen sind.

Andrücken und mit einem Ausstecher abteilen. Wer möchte,
kann die Ravioli auch vorbereitet im Tiefkühlfach aufbewahren,
ansonsten halten sie frisch maximal eine Stunde, da sie sonst
durchweichen. Im tiefen Fett bei 160 – 170 Grad knusprig ausbacken.

Für das Waldmeistereis: 350 g fertigen Waldmeistersirup |
500 g Sauerrahm (10 % Fettgehalt) | ½ Bio-Zitrone

Alle Zutaten mixen und in der in der Eismaschine abfrieren.
(Wer keine Eismaschine hat, kann die Erdbeeren mit dem Waldmeister-
sirup marinieren und als Alternative ein gutes Vanilleeis verwenden.)

Fertigstellen: Die warmen gebackenen Erdbeermaultäschle mit
Puderzucker bestäuben, auf einem Teller anrichten. Als Garnitur
frische Erdbeeren oder Rhabarber-Erdbeerkompott verwenden.
Von dem Waldmeistereis eine Kugel abstechen und auf die frischen
Erdbeeren geben.

REITEN LERNEN
in fünf Tagen

Ein guter Freund vom Schmidt Max, ein gewisser Roland, pflegt zu sagen: »Ein Mann muss reiten können.« Er hat leicht reden, findet der Schmidt Max immer; schließlich sitzt er schon seit seinem sechsten Lebensjahr regelmäßig im Sattel. Aber heißt das nun im Umkehrschluss, dass ein Mann, der nicht reiten kann, kein richtiger Mann ist? Auch wenn er das Format eines Schmidt Max hat und sich bereits in Disziplinen wie *Wasserflugzeugpilot* (Seite 94), *Stand-up-Paddling in Venedig* (Seite 70) und *Nostalgieskifahren* (Seite 120) bestens bewährt hat? Und: Gälte es nicht als höchst unmännlich, wenn sich heranwachsende Buben ihr Zimmer mit Pferdepostern tapezieren würden? Heutzutage wohl schon, da sich die aktive Reiterschaft in drei Viertel weiblich und ein Viertel männlich aufteilt. Oder, in Zahlen ausgedrückt: Es gibt deutschlandweit circa 710 000 Reiterinnen, aber nur 177 500 Reiter. Was liegt da im Argen? Können Frauen einfach besser mit Pferden? Oder ist auf diesem Gebiet die Emanzipation des Mannes überfällig? Hilft nix – der Schmidt Max wird einen Selbstversuch unternehmen müssen, wenn er das alles herauskriegen und nebenbei reiten lernen will.

Vom Roland hat er die Adresse von einem Reiterhof in Oberammergau zugesteckt bekommen, wo man binnen fünf Tagen Reiten lernen kann. Bei Florian und Regina auf dem *Hanslbauerhof*.

»Der Florian ist damals nach der Schulzeit für ein paar Jahre nach Australien gegangen«, gibt der Roland dem Schmidt Max noch mit auf den Weg. »Dort hat er als Cowboy auf einer Rinderfarm gearbeitet. Also, wenn's einer drauf hat, dann der!«

Ein Cowboy! Klingt nach mit *yee-haw!* in den Sattel hüpfen und durch die Oberammergauer Prärie sprengen. Hoffentlich nicht gleich am ersten Tag. Vorsichtshalber hat sich der Schmidt Max noch schnell einen Cowboyhut besorgt – wenn er schon aus dem Sattel fallen wird, dann wenigstens stilecht.

Aber Florian lässt es gemächlich angehen und macht den Schmidt Max erst einmal ausführlich mit dem Araberwallach Rooh bekannt.

»Das ist jetzt deiner. Du näherst dich vielleicht mal ein bisserl an ...«

»Kann i etz scho was foisch macha?«

»Wenn du eine schreckhafte Bewegung machst, zu schnell auf ihn zugehst oder ängstlich wirkst.«

»Des merka die glei? Wenn i ängstlich bin, des merka die?«

»Die ersten zehn Sekunden checken sie dich ganz genau ab. Dann wissen sie, was los ist.«

»Und ab wann gelten die zehn Sekunden?«

»Ab da, wo sie dich das erste Mal sehen.«

»Oiso, a so a Pferdl, wemmas net vo kloa auf kennt, is scho a Riesnviech ...« – da sind diverse Hilfsmittel vonnöten

Sanfte Berührungen von der Mutter sind das Erste, was ein Fohlen
mitbekommt – daran sollte man beim ersten Pferdekontakt denken

Also längst vorbei, die zehn Sekunden. Na, hoffentlich nimmt's der
Rooh nicht gar so genau mit ihm. Außerdem steht erst einmal Putzen
bei Chefin und Wanderreitführerin Regina auf dem Programm, da kann
er bestimmt Terrain gewinnen. Rooh gibt ein heftiges Schnauben von
sich, als er ihn hinführt. Vor dem Reitkurs ein wenig Pferdesprache
lernen wäre bestimmt nicht schlecht gewesen.

»Was war jetzt des?«

»Ein Zeichen von Entspannung. Siehst, er fühlt sich wohl bei dir,
Schmidt Max. – So, dann fangen wir an mit dem Putzen. Schau, ob er
Schmutzstellen hat, wo man das Fell abreiben kann, schau, dass die Hufe
sauber sind, und dabei kannst ihn ein bisserl streicheln und kennenlernen. Rhythmische, freundliche Bewegungen. Das ist das Erste, was
ein Pferd kennenlernt, wenn es auf die Welt kommt; da wird es von der
Stute abgeschleckt.«

Ja, und dann ist die erste Hürde auch schon da: aufsteigen aufs Pferd.
Jetzt bloß nicht gleich auf der anderen Seite wieder herunterfallen! Der
gute Eindruck, den er bis jetzt auf den Rooh gemacht hat, wäre schlag-

artig dahin, und er könnte sich bei keinem Pferd hier mehr blicken lassen, weil es der Rooh in seiner Pferdesprache allen anderen weitererzählen würde, und sie würden beim Anblick vom Schmidt Max in wieherndes Pferdegelächter ausbrechen.

»Du stehst links neben dem Pferd, hältst dich mit der linken Hand am Knauf fest, die rechte hält die Zügel – so –, dann gehst du mit dem linken Fuß hier rein, schaust immer nach vorne, nie nach unten – prima! –, und jetzt nimmst du das rechte Bein rüber und setzt dich vorsichtig im Sattel ab. Langsam abgleiten! Wunderbar.«

Der Schmidt Max sitzt im Sattel. In dem er hoffentlich auch bleiben wird.

»Wenn du jetzt ein bisserl Angst hast …«

»Hob i net!«

»Aber falls du vielleicht noch Angst kriegst …«

»Krieg i net!«

Wann das Pferd fressen darf und wann nicht, bestimmt der Reiter (also theoretisch)

»... dann einfach tief durchschnaufen.«

Eine Sache indes hat der Schmidt Max vergessen.

»Kannt i no amoi schnell zum Auto zruck und mein Cowboyhut ...«

Rooh schnaubt, vielleicht war es aber auch Gelächter.

»Nix Cowboyhut! Aber einen Helm brauchst noch – da!«

Auch wenn der Rooh vielleicht noch so gern losgaloppieren würde – er ist nur Handpferd, das heißt, er ist an Soloma angeleint, auf Soloma wiederum reitet Regina, und Rooh muss tun, was die Damen vorgeben. Also in der Gangart Schritt bleiben.

Hinter dem Schmidt Max reitet Florian und gibt ihm mehr gute Ratschläge, als er sich merken kann.

»Wenn du siehst, dass dein Pferdl die Ohren anlegt, solltest du immer schauen, warum. Die zeigen mit den Ohren, wenn ihnen was nicht passt. – Geh mit der Hüfte mehr mit, dass er sich leichter tut und entlastet wird! – Lass die Zügel ruhig ein bisserl länger. Aber wenn er etwas nicht machen soll, ziehst du sie wieder an! – Schau, dass dein Oberkörper ruhig bleibt, als hättest du ein Ei auf dem Kopf. – Das wird schon! In Australien auf der Farm haben wir jeden Tag acht Stunden Kühe getrieben. Ich hab davor kaum reiten können. Aber weil ich jeden Tag stundenlang auf dem Pferd war, hab ich's sehr schnell gelernt. Hab mich schnell ans Pferd gewöhnt, hab aus meinen Fehlern gelernt und alles gleich umsetzen können. Also: merken, eine Nacht drüber schlafen und am nächsten Tag weitermachen. Wär doch gelacht, wenn du mit deine O-Haxen kein Cowboy wirst!«

Die Haxen spürt der Schmidt Max ganz ordentlich, als er wieder abgestiegen ist. Und das Kreuz. Obwohl das Pferd gelaufen ist und nicht er.

»Du bist gut gesessen, Schmidt Max, und ein gutes Gefühl fürs Pferd hast du auch. Da können wir morgen gleich mit dem Trab weitermachen!«

Ist schon eine zweischneidige Sache, wenn man ein Naturtalent ist wie der Schmidt Max. Oder zumindest so tun kann, als wäre man eins. Da wird einem oftmals mehr zugetraut, als man sich selber zutraut. Aber auch der Rooh scheint ihm was zuzutrauen, jedenfalls begrüßt er den

Gleich am ersten Tag geht es vom Hanslbauerhof direkt ins Gelände – erst einmal mit Sicherheitsleine zwischen Rooh und Soloma

Schmidt Max am nächsten Morgen mit freudigem Schnauben, und einem Pferd kann man bekanntlich nichts vormachen.

»Heut werden wir wieder genauso lang beieinanderbleiben wie gestern?«

»Freilich. Aber das kannst nicht mit jedem machen. Da gehört schon ein bisserl Sportlichkeit dazu. Ich hab auch schon Leute erlebt, die nach fünf Stunden Reiten vom Pferd fallen und sich drei Tage nimmer rühren können.«

»Kannt i aa macha, aber i möcht's bloß net zugeben.«

An der Ammer entlang, Richtung *Ettaler Mühle*, gibt es schöne Trabstrecken. Na ja – richtig schön sind sie vielleicht erst dann, wenn man's wirklich kann. Aber angeblich ist es nicht so schwer, man müsse nur, meint Regina, ein wenig Stoßdämpfer spielen, Fuß- und Kniegelenke mitfedern lassen.

»Aber wie macht ma des, dass ma überhaupt in Trab kommt?«

»Erst schaust du dahin, wo du hinwillst, baust deine Körperenergie auf, und wenn das nicht reicht, machst ein wenig Druck mit den Waden.«

Und schon trabt er, der Schmidt Max, respektive sein reitbarer Untersatz. Sobald man trabt, fühlt es sich wirklich nicht mehr so schwer

Schon am dritten Tag kann sich der Schmidt Max immer mehr auf die Schönheit des Naturparks Ammergauer Alpen konzentrieren

an; man muss sich nur an das Gefühl gewöhnen, ein wenig aus dem Sattel geworfen zu werden.

Die Brotzeit an der *Ettaler Mühle* ist eine willkommene Gelegenheit für Konversation. Schließlich will der Schmidt Max nicht nur reiten lernen, sondern auch Bescheid wissen, warum Frauen und Männer ein so unterschiedliches Verhältnis zu Pferden haben. Regina scheint ihm eine zu sein, die ebenfalls schon von Kindheit an im Sattel gesessen und mit Pferdebildern an der Wand aufgewachsen ist. Doch weit gefehlt, sie hat eine außergewöhnliche Karriere hinter sich: Als Kind ein paar Reitstunden gehabt, dann lange Jahre Pferdepause, als Fremdsprachenkorrespondentin gearbeitet und erst im Jahr 2014 wieder zu den Pferden zurückgekehrt. Und seither nichts anderes mehr gemacht. Reitlehrerin ist im Übrigen normalerweise sie und nicht der Cowboy an ihrer Seite. Doch wenn einer kommt wie der Schmidt Max, der es in fünf Tagen hinkriegen will, arbeiten sie mit vereinten Kräften.

Am dritten Tag ist der Schmidt Max schon so weit, dass er sich nicht mehr fortwährend auf sein Pferd konzentrieren muss, sondern ab und zu auch vom Naturpark Ammergauer Alpen etwas mitbekommt und sich außerdem noch mehr Zeit für investigative Fragen nehmen kann. Auch auf dem Reiterhof von Florian und Regina ist das Gros der Pferdesportler weiblich, ist ihm aufgefallen. Aber warum ist das so?

Florian hat eine Antwort, die relativ einfach klingt.

»In allen Kulturen, wo Pferde beteiligt waren, war das eher ein männliches Thema. Pferde waren eine Waffe, im weitesten Sinn, und ein Transportmittel. Aber seit es das Auto gibt, braucht's die Pferde nimmer wirklich. Ein Pferd ist heute eher ein Sportgerät. Und da sind jetzt die Frauen diejenigen, die mehr Engagement zeigen und intensiver dabei sind. Es gibt schon noch Kulturen heutzutage, wo das Pferd die Existenzgrundlage ist. Da arbeiten dann immer noch eher die Männer damit.«

Aber so einfach, wie sie klingt, ist die Antwort auch wieder nicht. Heißt das, grübelt der Schmidt Max, die Männer haben den Frauen gnädig die Pferde überlassen, sobald sie uninteressant waren, haben sich mit Hurra aufs Auto gestürzt und fortan lieber Felgen poliert als Fell gestriegelt? Oder sind die Männer so arbeitsfixiert, dass ihnen Freizeit mit dem Pferd überhaupt nicht in den Sinn kommt? Oder drücken sich die Frauen vor der Arbeit mit dem Pferd und wollen nur ihren Freizeitspaß haben? Ganz nach dem Motto *Girls just want to have fun*?

Auf jeden Fall haben die Männer einen schlechten Tausch gemacht, als sie das lebendige Pferd aufgegeben und dafür tote Pferdestärkenmaterie in ihr Leben gelassen haben, findet der Schmidt Max, der sich von Tag zu Tag mehr mit seinem Pferd anfreundet. Eine echte Beziehung, die aus gegenseitigem Geben und Nehmen besteht, kann man eben zu einem Auto nicht aufbauen, auch dann nicht, wenn es sich, wie in seinem Falle, um den alten Opel Kadett vom Großvater handelt, der mehr Seele hat als jeder funkelnagelneue BMW.

Am fünften Tag ist der gefürchtete Augenblick da: Die Eroberung der Königsdisziplin auf dem Pferderücken.

»Schmidt Max, jetzt bist du an dem Punkt, wo du sagst: ›Wenn der Flori befiehlt, wir galoppieren, dann krieg ich keinen Angstschweiß, sondern ich freu mich drauf.‹ Also, das Wichtigste ist: Körperspannung. Du nimmst die Zügel ein bisserl kürzer, damit du schneller eingreifen kannst,

Traum und Realität – Regina und Florian haben nicht nur den Helmträger,
sondern auch den Cowboy im Schmidt Max erkannt und gefördert

machst mit deinem Bein etwas Druck, gehst mit einem Bein ein bisserl weiter nach hinten – das ist für ihn das Zeichen für Galopp. Du bleibst immer hinter Regina. Und wenn der Rooh etwas macht, was du nicht willst, sagst du einfach ›stop!‹, und wir fallen wieder in den Trab.«

Er hätte es nicht gedacht, der Schmidt Max, dass ihm kein einziges Mal das Wort *stop!* in den Sinn kommen würde. Ebenso wenig der Gedanke, dass der Rooh urplötzlich stehen bleiben könnte, um sich ein paar Gräser zu rupfen, und er, der Schmidt Max, hundert Meter in freiem Flug zurücklegen wird. Er vertraut dem Pferd, das Pferd vertraut ihm und schenkt ihm, sozusagen, die ganze Pferdestärke seiner Pferdeseele, und das ist ein ungleich beglückenderes Gefühl, als mit zweihundert seelenlosen Pferdestärken über die Autobahn zu brausen. Recht hat er, der Roland. Ein Mann muss reiten können. Oder nein, das ist nur die halbe Wahrheit. Die ganze Wahrheit lautet: Ein Mensch muss reiten können. ◇

Horsebackriding Oberammergau
📍 Hanslbauerhof
Warbergstrasse 35
82487 Oberammergau
✦ www.horsebackriding-
oberammergau.com

Bitte beachten: Das Angebot richtet sich mittlerweile insbesondere an Reiter mit Vorerfahrung

Ettaler Mühle
✦ www.ettaler-muehle.de

EINE
selbst gebaute
UHR

manche Leute glauben, dass man als Schmidt Max eine Art Dauerfreizeit hat. Das ist natürlich richtig. Jeden Tag mit dem Kadett vom Opa ein bisserl spazieren fahren und dort, wo es einem gerade gefällt, anhalten, mit den Leuten ins Gespräch kommen oder irgendeinen Blödsinn mitmachen – all das kann man wahrhaftig nicht als Arbeit bezeichnen. Trotzdem weiß auch ein Schmidt Max, was Stress ist. Die sogenannte Freizeit ist ja schon längst terminlich durchgetaktet wie die Arbeitswelt. Und falls es dem Schmidt Max doch einmal gelingt, sich in einen Biergarten abzuseilen, so ist meist bereits absehbar, dass das Vergnügen nur von kurzer Dauer ist. Irgendwas ist immer. Und das Folterwerkzeug »Uhr« zählt ihm die noch freien Minuten und Sekunden gnadenlos vor.

Vielleicht kann man sich die Misere ja schöntrinken. Oder besser: schönticken. Mittels einer speziellen Uhr. (Schöntrinken funktioniert zwar auch, ist aber nicht für eine Dauertherapie geeignet.)

Als belesener Mensch kennt der Schmidt Max natürlich das Werk *Asterix bei den Schweizern* und weiß daher, dass die Helvetier in der Kunst der kreativen Zeitmessung schon immer die Nase vorn hatten, und den Weg zum richtigen Ort findet sein Opel Kadett ganz von selbst – man muss ihm nur zuflüstern, dass man vorhat, sich in der historischen Uhrmacherstadt und ihrem Uhrenmuseum ein wenig umzusehen, und schon fährt er nach La Chaux-de-Fonds in der französischen Schweiz. Auch beherrscht er, ebenso wie der Schmidt Max, die französische

Sprache und könnte sich mühelos mit einer Ente oder einem Renault R4 unterhalten.

In La Chaux-de-Fonds jedenfalls will sich der Schmidt Max eine geballte Ladung Uhr geben, um zu seinem ganz individuellen Exemplar zu kommen; ob es zufällig dort herumliegt und nur darauf wartet, an sein Handgelenk überführt zu werden, bleibt eine vorerst offene Frage.

Am Ziel quartiert sich der Schmidt Max stilecht in einer Pension in einem historischen Uhrmacherhaus, dem *Maison DuBois*, ein und bringt sein Anliegen vor: sich inspirieren zu lassen, um *die* individuelle Schmidt-Max-Uhr zu finden. Da sein Französisch nicht mehr ganz so fließend ist wie in der Schulzeit, vermittelt man ihn an Monsieur Carrier, der überraschenderweise ein Herr Carrier ist und vor knapp fünfzig Jahren aus Schwaben hierherkam, um ein halbes Jahr lang Französisch zu lernen. Sollte die Zeit hier für den Schmidt Max ähnlich eigenartig vergehen, so wird er frühestens nach einem Vierteljahr wieder zu Hause sein ... was angesichts der 3 000 Exponate im Uhrenmuseum, zu denen Herr Carrier ihn führt, kein Wunder wäre.

Da geht's rund – im Internationalen Uhrenmuseum in der schweizerischen Weltkulturerbestadt La Chaux-de-Fonds

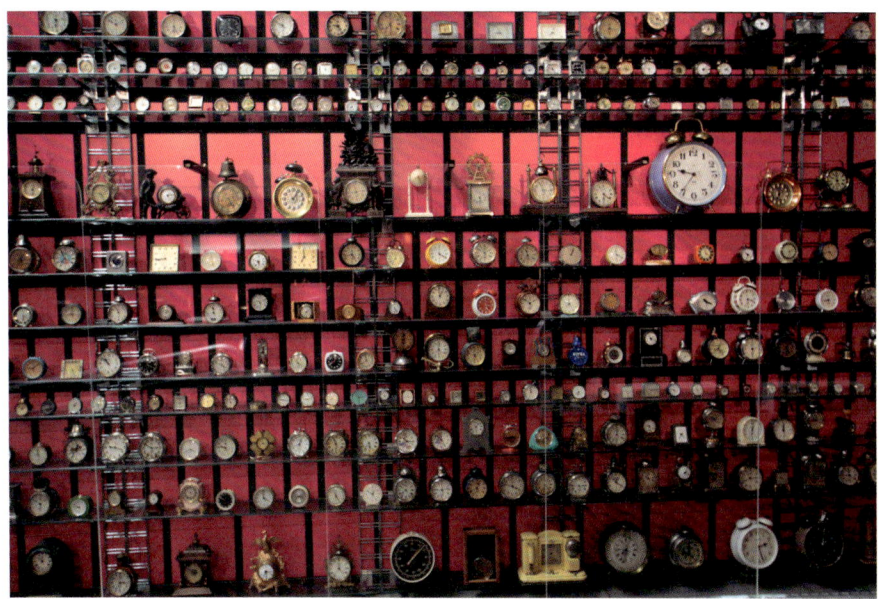

Fasziniert bleibt er vor einer Zeitmessapparatur stehen, die vor 5 000 Jahren in Ägypten entwickelt wurde. Sie schlägt die Stunden nicht, sondern lässt sie fließen, in Gestalt von Wasser, das durch einen kalibrierten Ablauf gleichmäßig aus einem konischen Behälter fließt. Da fühlt sich das Vergehen der Zeit gleich ganz anders an. Ticken stresst. Sausende Ziffern und Sekundenzeiger ebenfalls. Fließen dagegen beruhigt. Vielleicht wäre schon viel gewonnen, wenn man die Zeit ihrem fließenden Wesen gemäß messen würde. Nur – mit sich herumtragen kann man ein solches Chronometer nicht, und das gleichermaßen beruhigende wie anregende Fließen des Wassers kann man genauso gut auch ohne Zeitmessung haben, da genügt ein Zimmerbrunnen. Als passende Armbanduhr dazu vielleicht die Swatch-Uhr *Frische Fische* ..?

»Noch nichts für Sie dabei, Monsieur Schmidt Max?«

Herrn Carriers Lächeln erinnert ein wenig an Meister Hora aus *Momo*. Oder ist er es sogar selbst? Es würde den Schmidt Max nicht wundern, wenn draußen in der Welt bereits tausend Jahre vergangen

Im Museum zu sehen sind echte Unikate von unschätzbarem Wert, wie dieser mehrere hundert Jahre alte Automat

Um zu verstehen, wie eine Uhr tickt, muss man sie erst einmal in ihre Einzelteile zerlegen, seien sie auch noch so klein

wären, während er mit Meister Hora ein paar vermeintliche Stunden mit Uhrenbesichtigung verbringt.

»Schauen Sie, Monsieur Schmidt Max, hier die Uhr im Fingerring, eine Zierde für jede Hand, wäre das nichts für Sie?«

Ein wahrhaftes Kleinod, zweifellos, aber der Schmidt Max ist kein begeisterter Schmuckträger.

»Oder hier, ein altes russisches Modell, ganz aus Holz gearbeitet, das heißt, fast ... die feineren Teile bestehen aus Knochenmaterial ...«

Ebenfalls eine schöne Uhr, aber der Schmidt Max wagt nicht nachzufragen, von welchem Lebewesen die Knochen stammen.

»Sie suchen vielleicht etwas Ausgefalleneres? Da gäbe es hier von LeCoultre eine Uhr mit 17 Komplikationen aus dem Jahr 1878, genannt La Merveilleuse, ›die Wunderbare‹ ...«

»Nix für ungut, Meister Ho-, äh, Herr Carrier, aber die kann i net braucha, mir is des Leben meistens eh scho kompliziert gnua.«

»Komplikationen, Monsieur Schmidt Max, heißen im Uhrmacherjargon diejenigen Anzeigen in der Uhr, die nicht Stunden, Minuten oder Sekunden betreffen, sondern, wie hier zum Beispiel, Datum, Mondphasen, Temperatur, verschiedene Zeitzonen ... aber ich sehe schon, Sie wollen es einfacher haben. Vielleicht auch dezenter. Schauen Sie, hier wäre eine Uhr für die Hosentasche, auf der man die Zeit erfühlen kann. Ist aber ein rares Sammlerstück. Für fünf Millionen Schweizer Franken könnte ich sie Ihnen einpacken lassen.«

»Lassen S' gut sein, Herr Carrier. Wissen S' was? I glaub, i brauch eher eine Sonderanfertigung, und die bau i mir am besten selber. Des krieg i hin, weil, i hab so a Schweizer Offiziersmesser (siehe Seite 200), oans vo die älteren Modelle mit Messergeist. Da kann i mir mei Wunschuhr ganz leicht selber schnitzen. Aber schee war's bei Eahna!«

Herr Carrier guckt ihn über den Brillenrand hinweg an.

»Die Schweizer Offiziersmessergeister in allen Ehren, aber der Uhrenbau ist doch mehr für Fachleute – mit Fachwerkzeug! Hier«, und er drückt dem Schmidt Max ein Kärtchen in die Hand, unter dieser Adresse finden Sie jemanden, der Ihnen helfen kann.«

»Andreas Fritsch, Lilienstraße 4, München«, liest der Schmidt Max. »Oiso glei bei mir ums Eck, quasi. Ja, da hätt i ja gar net so weit weg bis in die Schweiz …«

»Alle Wege zur Uhr führen über die Schweiz. Der Andreas hat sein Handwerk hier bei uns gelernt. Und Sie, Monsieur Schmidt Max, haben hier Ihre Wünsche besser kennengelernt, ohne Zeit zu verschwenden!«

Wie Herr Carrier das gemeint hat, geht dem Schmidt Max erst nach der Rückkehr auf, als er zu Hause immer noch dasselbe Datum wie bei der Abfahrt vorfindet. Sollte er doch bei Meister Hora gewesen sein? Oder hat ihm seine Uhr einen Streich gespielt? Falls ja, dann umso besser, wenn er sich hier eine neue bauen kann. »Eine Uhr«, so schildert er es dem Uhrmacher Fritsch, »wo die Zeit manchmal einfach keine Rolle spielt! So eine Freizeituhr!«

Die Antwort seitens Herrn Fritsch, »das schaffen wir!«, kommt so prompt, als hätte er schon vielen Kunden mit derartigen Wünschen geholfen. Sein Plan besteht, grob gesagt, darin, gemeinsam mit dem Schmidt Max ein Uhrwerk zu zerlegen, ausgewählte Einzelteile desselben zu veredeln und mit den weiteren Komponenten Zeiger, Zifferblatt und Gehäuse zu einer Uhr zu vereinen, die ein echtes Unikat ist, gestaltet nach den Wünschen und unter Mithilfe ihres Besitzers. Wenn alles klappt.

Uhrmachermeister Andreas Fritsch gibt in seiner Werkstatt in München
Workshops für Kleinstgruppen

Dazu gehört auch, dass die Uhrmacherlupe im Auge sitzt, ohne dass man es zusammenkneifen muss. Das klappt beim Schmidt Max schon einmal nicht. Gut möglich, dass dafür bereits ein halbes Ausbildungsjahr draufgeht, wenn man Uhrmacher lernt.

Der Meister hat ein Einsehen und reicht ihm eine Lupe für beide Augen, die man sich ähnlich wie eine Brille aufsetzen kann. Und dann muss der Schmidt Max mit einer Pinzette – »ja kein Teil mit den Fingern anfassen!« – Teilchen für Teilchen herausoperieren. Das Spreizfederchen. Das Stundenrad. Die Unruh. Irgendwann liegen knapp dreißig Einzelteile auf der Arbeitsplatte. Ungefähr ebenso viele müssen noch heraus aus dem Uhrwerk. Später wieder alle zusammen hinein ins Uhrwerk. Dazwischen liegt die Veredelung.

»Es gibt kein Teil in einer Uhr, das man nicht noch verschönern könnte«, sagt Uhrmachermeister Fritsch. »Das ist was fürs Herz. Man sieht's zwar nicht, aber es ist einfach schön.«

Die gemessene Zeit wird von der Schönheit leider nicht beeinflusst. Dennoch: Dem Schmidt Max seine Uhr bekommt im Laufe des Tages und in geduldiger Kleinarbeit ein messingvergoldetes Uhrwerk, gebläute Schrauben, Genfer Streifen und Wölkchenschliff.

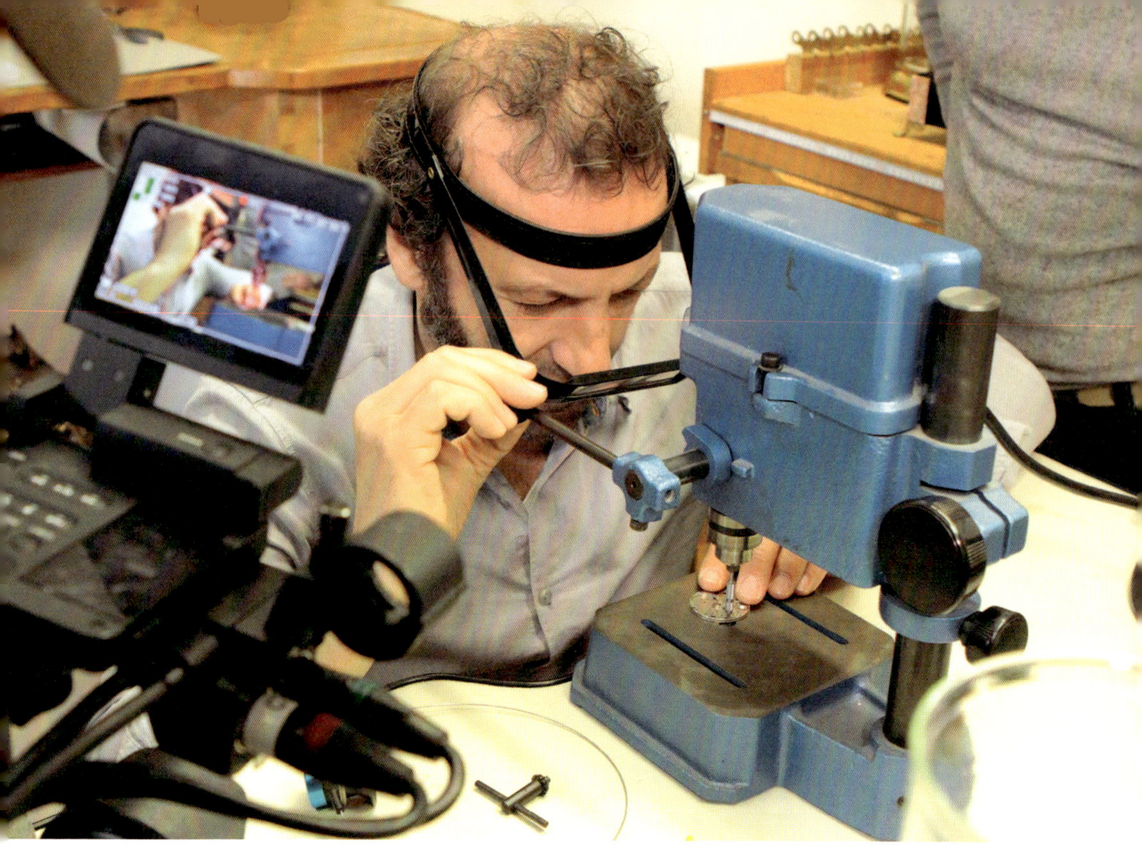

Die Freizeit-Uhr, eine echte Spezialanfertigung,
mit eigenen Händen gebaut und veredelt

»Und, was sagst? Ist wunderschön geworden, oder?«

»Ja, schon. Aber wir haben doch eigentlich gesagt, das soll eine spezielle Freizeituhr ...«

»Richtig. Du sollst sie ja auch *so* tragen, wenn's drauf ankommt.«

Nämlich mit dem Zifferblatt nach unten, Rückseite nach oben. Durch die kann man ins veredelte Innenleben der Uhr blicken und gelassen der Zeit beim Vergehen zuschauen. Die Botschaft der Zeiger bleibt dann wohltuend im Hintergrund. ◇

Musée international d'horlogerie (Internat. Museum für Uhrenmacherei)
✦ www.chaux-de-fonds.ch

Infos zum Übernachten im Maison DuBois unter
✦ www.maisondubois.ch

Andreas Fritsch, Uhrmachermeister
📍 Lilienstraße 4
   81669 München
✦ www.fritschwerk.de

Die Schönheit
der Erschöpfung
BEIM RETRO-
RADRENNEN EROICA

Der Schmidt Max beherrscht nicht nur die Kunst des Ski-
fahrens (siehe Seite 120). Er ist auch ein begnadeter Radfahrer
und stählt sich als solcher regelmäßig im Münchner Stadt-
verkehr. Was also liegt näher, als den Hang zur Nostalgie auch auf dem
Drahtesel auszuleben? Man müsste nur einen Ort finden, überlegt der
Schmidt Max, an dem sich ähnliche Verrückte wie in St. Englmar zu-
sammenfinden, nur eben auf Fahrrädern statt auf Skiern.

Nun ließen sich die Informationen zu einem solchen Ort sicherlich
in Sekundenbruchteilen auf den PC-Monitor zaubern. Aber weil der
Schmidt Max einer ist, der es auch charmanter findet, in der Fremde
nette Menschen nach dem Weg zu fragen, als sich von einem Navi lotsen zu lassen – abgesehen davon, dass ein Navi ebenso wenig zu seinem
alten Kadett passen würde wie ein Mikrowellenherd in eine Blockhütte –,
lässt er Google links liegen und fragt bei seinem Fahrradspezialisten
nach. Die Gangschaltung muss eh wieder einmal neu eingestellt
werden.

»Ja, Schmidt Max, da gäb's schon was. In Gaiole in der Toskana.
L'Eroica heißt das. Da fahren die jedes Jahr ein Rennen mit Rädern aus
den Siebzigern oder noch älter. Musst dir aber nicht extra eins besorgen,
die haben dort sogar einen Verleih für so Reingschmeckte wie dich. Aber
beeil dich mit der Anmeldung! Das geht, glaub ich, in drei Wochen schon
los. Das heißt – schau dir lieber erst einmal auf Google Maps das

Streckenprofil an, ob du als Stadtradler der Strecke überhaupt gewachsen bist.«

Will der ihn beleidigen? Natürlich ist er der Strecke gewachsen, da braucht er gar nicht lang nachschauen. Und allein schon – Italien! Da beherrscht er die Sprache perfekt. Also so gut wie. Man versteht ihn auf jeden Fall, wenn er, wie in Italien üblich, mit Händen und Füßen kommuniziert. Und apropos Hände und Füße – die werden ihm dort auch nicht einfrieren wie beim Nostalgieskirennen in St. Englmar.

Zwei Tage vor Rennbeginn, also keine drei Wochen später, befindet sich der Schmidt Max daher frohgemut in Gaiole, um Atmosphäre zu schnuppern und ein Leihrad sowie ein historisches Trikot zu organisieren. Auch hier ist nämlich stilechte Bekleidung Pflicht. Ist aber kein Problem, etwas Passendes aufzutreiben; der Schmidt Max befindet sich auf einem der weltweit größten Flohmärkte für alte Rennräder und Zubehör.

Sein erster Weg führt ihn zum Fahrradservice, wo Alessandro und sein Vater alljährlich zweihundert Räder renntauglich machen. Als

Ein E-Bike schaut anders aus – aber das wunderschöne alte Bianchi
im Farbton Celeste fährt sicher auch fast wie von alleine

hätten sie geahnt, dass der legendäre Schmidt Max heuer am Start ist, haben sie noch ein echtes Juwel auf Lager, ein Bianchi im ebenso legendären Farbton *celeste*, ein blasses Himmelblau, das im Lauf der Firmengeschichte zu einem blassen Türkiston mutiert ist. Für 120 Euro ist es nun die nächsten drei Tage sein.

Wie er gerade freudig um das gute Stück herumtänzelt, als wäre er ein zehnjähriger Bub und hätte es eben zu Weihnachten geschenkt bekommen, wird er von einem Landsmann angequatscht – ein gewisser Bernd in einem gelben *Sturmvogel München*-Trikot.

»Guat oogmessn! Steigst amal drüber? – Optimal! So, und jetzt tuast no den Ellbogen da am Sattel ansetzen ... der Unterarm muaß nämlich genau zwischen Sattel und Lenker ... passt!«

Da der Bernd, wie sich im weiteren Gespräch herausstellt, von Berufs wegen ein Freund und Helfer ist, steht er dem Schmidt Max auch bei der Trikotauswahl zur Seite und rät dringend zu Schurwolle.

»In der Früah, wenn's koit is, wärmt's di, du schwitzt natürlich, mag vielleicht net so angenehm sein, aber beim Runterfahren is des net vollgsaugt.«

Kurze Zeit später hat der Schmidt Max das gute Stück am Leib – grün wie die Hoffnung, darauf prangend *Sanson* in Rot auf Weiß und *Luxor TV* in Gelb auf Blau.

Dann weiter zur Registrierung. 7 928 Teilnehmer sind gelistet. Der Schmidt Max findet sich unter Nummer 6 924 wieder, was hoffentlich nicht seiner Platzierung entsprechen wird.

»Sei nove due quattro!«, sagt er also in seinem besten Italienisch zur Dame am Schalter.

»Schmiete Maxe?«

»Sì, Schmidt Max!«

Die Dame händigt ihm seine Startnummern aus, eine fürs Trikot, eine fürs Radl, und außerdem eine Karte zum Abstempeln sowie eine Straßenkarte – »una mappa con i percorsi« –, anhand derer sie ihm die eingezeichneten Routen erläutert. Dumm nur, dass die Italiener immer so einen merkwürdigen Akzent haben, wenn sie Italienisch sprechen. Aber der Schmidt Max versteht immerhin so viel, dass es eine Auswahl von vier Routen zwischen 46 und 209 Kilometern gibt. Am Ende

Zu den Antrittsregeln gehören auch Kleidervorschriften:
Grün ist die Merinohoffnung, »aa wenn s' kratzt«

bekommt er noch seinen »passaporto con i timbri« ausgehändigt, und die Dame wünscht »Buon Eroica, Maxe!«

Kann er bestimmt brauchen. Vor allem dann, wenn er die 209 Kilometer fährt, die eigentlich genau seiner Kragenweite entsprechen würden. Könnte allerdings passieren, dass er dann das Abendessen verpasst, was angesichts der verlockenden toskanischen Spezialitäten jammerschade wäre. Die Hundertdreißiger-Route könnte also auch genügen. Andererseits – es soll am nächsten Tag sonnig werden. Da kann es einen leicht mit einem Hitzschlag vom Rad bröseln. Also besser die achtzig Kilometer. Andererseits – warum nicht mit gemütlichen 46 Kilometern anfangen? Das Leben ist hart genug. Und falls er zum Mittagessen schon wieder da ist, kann er ja die Strecke locker noch einmal fahren. Also die 46.

Ausgerechnet jetzt steht der Sturmvogel-Bernd schon wieder neben ihm.

»Wie schaut's aus, Schmidt Max? Oiso, weger die vierzge pump i ja net amoi auf, gell. Fahrmer die achtzge!«

»Die achtzge? I hab ja scho überlegt, ob i net die 209 fahr, aber dir zuliebe … fahrmer eben die achtzge!«

Am nächsten Tag frühmorgens ist es noch reichlich kühl. Eigentlich saukalt, sodass man sich nach dem Startsignal sehnt, um sich endlich warmstrampeln zu können. Die erste Hälfte der Strecke zum zehn Kilometer entfernten Zwischenstopp Castello di Brolio indes geht bergab, von 359 auf 297 Höhenmeter, was mehr die Fingerspitzen als die Wadeln beansprucht; dann aber muss ein Anstieg auf 527 Meter bewältigt werden. Prompt streikt das Schaltwerk einer britischen Radlerin. Sturmvogel-Bernd und Schmidt Max eilen zu Hilfe. Erstens, weil sie ohnehin Kavaliere der Landstraße sind, und zweitens, weil die Eroica anders ist als andere Rennen: Gewinner ist jeder, der heil am Ziel ankommt, und jeder hilft jedem beim Gewinnen. Einzelkämpfer sind ausdrücklich nicht erwünscht. Und falls die solidarische Hilfe an ihre Grenzen stößt, springt der offizielle mobile Mechaniker ein. Ist aber in diesem Fall nicht nötig, bei Bernd und Schmidt Max ist die Radlerin in besten Händen.

Nach der Etappenstation Brolio führt die Route erstmals über eine *Strada Bianca*, was man mit »Schotterpiste« übersetzen könnte. Spätestens

Die Idee hinter dem Ganzen ist, alte Radsporttugenden hochleben
zu lassen, Einzelkämpfer sind explizit unerwünscht

Beim ersten Stopp in Castello di Brolio sieht die Welt noch heiter aus, die Dopingfrage stellt sich (vorerst) nicht

jetzt ist an verschiedenen Körperteilen zu spüren, dass es sich bei der Eroica keineswegs um eine gemütliche Spazierfahrt handelt, und manchem springt bei der holprigen Fahrt die Kette vom Ritzel. Die sanft geschwungene, weinberggesegnete Landschaft verblasst hinter der körperlichen Pein und der Angst vor Bandscheibenschäden. Kurz vor Radda, dem nächsten Etappenziel, müssen auch noch zehn Prozent Steigung bewältigt werden. Für manch einen bedeutet Radda bereits das Ende des Rennens, sei es wegen Blessuren, gegen die auch der *Posto di Medicazione* kein Mittel hat, sei es wegen gravierender Schäden am Fahrrad.

Bernd und Schmidt Max stoßen in Radda alkoholfrei auf die Halbzeit sowie weiterhin pannenfreies Fahren an.

»Ohne dich«, muss der Schmidt Max zugeben, »hätt i den letzten Anstieg net gschafft.«

»Reserven hat ma, Max, des kennst du no gar net!«

Was der Mensch für Reserven in sich wachzurufen vermag, lernt der Schmidt Max aber schon auf der nächsten Etappe nach Volpaia kennen. Zunächst geht es von 527 auf 344 Höhenmeter so steil bergab, dass man die bremsverkrampften Hände wahlweise nicht mehr oder nur noch

Gemütlich durch die sanften Chianti-Weinberge gleiten, die warme Herbstsonne der Toskana genießen, es hätte alles so schön sein können ...

Vorgaben und Tipps für die Eroica

Rechtzeitig anmelden (möglich ab Januar),
↗ Infos unter: www.eroica.cc

Nur für die Schnupper-Runde von 46 km braucht man kein ärztliches Attest; ansonsten muss der Hausarzt bescheinigen, dass es keine körperlichen Bedenken für eine Teilnahme gibt

Nicht-Mitglieder im Eroica Ciclo Club zahlen Startgeld

Erlaubt sind Stahlräder bis Baujahr 1987 mit sogenannten Wäsche-leinen (außen liegende Bremszüge), Schaltung am Unterrohr und Hakenpedale

Funktionskleidung von damals

Wollhose und Trikot aus Merino, dazu Lederschuhe und statt Helm Baumwollkäppi oder Sturzringe aus Leder (wer Bedenken hat, kann trotz allem einen modernen Helm tragen)

An den Stempelstationen entlang der Strecke gibt's Eroica-Catering: regionale Spezialitäten und Chianti

Schieben ist keine Schande

Buchtipps

Rainer Sprehe u. Andreas Beune, Das Buch der Radsporttrikots, Covadonga-Verlag 2014

Bengt Stiller, Legends of Steel, Delius Klasing 2015

schmerzhaft spürt, dann von 344 auf 607 so steil bergauf, dass man die Füße … und so weiter. Und »Füaß« oder »Fiaß« reichen für einen Bayern bekanntlich bis zur Hüfte. Ab der Hüfte aufwärts beginnt der noch einigermaßen schmerzfreie Bereich, der Trikotbereich sozusagen, der sich deshalb großartig zum Schönreden verwenden lässt.

»Du, oiso, weger die Trikots«, keucht der Schmidt Max fünf Kilometer vor dem Ziel, »des funktioniert! I hob gmoant, dass des schlimmer is und kratzt, aber – da gspür i nix!«

Kann natürlich daran liegen, dass ein kratzendes Trikot als geringstes Übel am geschundenen Leib empfunden wird.

»Des san scho original oide Trikots, oder?«

»Absolut! Des war ja 1969 des erfolgreichste Team!«

»Genau! Der Merckx ...«

»Francesco Moser!«

»Äh, Moser. Moan i ja, Moser. Moser Francesco. Und heit fahrs i!«

Wie gesagt, noch fünf Kilometer bis Gaiole in Chianti. Genau dort wurde das Eroica-Rennen 1997 erfunden, und zwar vom Arzt Giancarlo Brocci. In einer Bar, um genau zu sein. Als der Schmidt Max ihn am Tag vor dem Rennen kennengelernt hat, hat er sich den Scherz mit der Schnapsidee noch verkniffen und höflich zugehört, als Signor Brocci von seiner Idee sprach, die alten Werte des Radsports zu feiern, und davon, echte Erschöpfung zu spüren, echten Hunger, echten Durst und die Magie der Müdigkeit. Hat sich gestern alles gut angehört, so richtig echt und authentisch eben.

Jetzt aber verspürt der durstige Schmidt Max nur noch den Wunsch, sofort nach der Ankunft am Ziel die Bar zu stürmen, ein paar Flaschen authentischen Chianti zu bestellen und den Doktor unter den Tisch zu

L'eroico, der Heldenhafte – so schaut ein gänzlich unironischer
und wahrhaft verdienter Zieljubel aus

Neben den Medaillen gibt's als Belohnung auch das Wissen darum, dass man Reserven hat, die da eigentlich, also quasi, gar nicht da sein können

trinken, dass er so bald nicht mehr aufsteht. Nur diese Vision hält ihn auf den letzten Kilometern noch am Leben.

Am Ziel indes zeigt sich, dass mit dem finalen Hurra-Schrei die Reserven endgültig aufgebraucht sind. Gut, morgen ist auch noch ein Tag. In voller Montur sinkt der Schmidt Max ins Hotelbett. Leider hat er die Rechnung ohne die volle Blase gemacht, die sich jetzt meldet. Die Toilette ist eigentlich nur drei Meter entfernt, doch der Weg dorthin fühlt sich an, als würde er noch einmal achtzig Kilometer Rennstrecke zurücklegen. Schafft er aber. Und die achtzig Kilometer zurück zum Bett schafft er auch. Schließlich ist er der Schmidt Max. ◇

SCHWAMMERLSUCHE
im Winter

Auf was für einen Schmarrn hat er sich denn da bloß wieder eingelassen? Schwammerl suchen im Winter – der spinnt doch, der Rainer! Und alles nur wegen dieser saublöden Wette. Da haben sie sich im Herbst in einem Lokal im Allgäu kennengelernt, auf der Speisekarte natürlich Pfifferlinge in allen möglichen Variationen, haben deswegen über Schwammerl und die Schwammerlsaison geredet, und der Rainer hat gemeint, die sei für ihn noch nicht so bald zu Ende, er gehe auch im tiefsten Winter in die Schwammerl.

»Echt jetzt?«

»Glaubsch mir net?«, hat der Rainer dahergeschwäbelt und ihm, dem Schmidt Max, vorgeschlagen, dass sie im Januar im Allgäu gemeinsam losziehen. Und wenn sie was finden, muss der Schmidt Max ihn zu einem Pilzgourmetessen einladen. Na ja. Ganz nüchtern war er wohl nicht mehr, als er da eingeschlagen hat.

Und jetzt stapft er also mit dem Rainer durch einen dick verschneiten Wald irgendwo bei Memmingen, in dem wahrscheinlich gut verborgene Kameras installiert sind. Per Livestream wird er in mollig warme Wohnzimmer übertragen, wo die Leute vor ihren Bildschirmen sitzen und sich halb totlachen – »schau mal, der Schmidt Max! Dem kann man doch echt jeden Schmarrn weismachen!«

Noch aber hat der Rainer nichts gefunden. Gut möglich also, dass er, der Schmidt Max, doch noch als Gewinner rausgeht und seinerseits vom Rainer eingeladen wird. Da wird er aber die Speisekarte rauf und runter bestellen und den edelsten Tropfen dazu!

»Übrigens – Rainer?«

Temperaturen unter null, Eiskristalle an den Zweigen, viel Weiß
auf den Wiesen – es könnte sein, dass Winter ist

»Ja?«

»I kannt vielleicht no schnell zruckfahrn und an Batteriefön besorgen. Zum Schneewegtauen. Was moanst?«

Da aber bleibt Rainer zielsicher an einem alten Baumstumpf stehen
und legt einen Pilz frei. Den wird er doch nicht vorher heimlich dort
deponiert haben?

»Schau her, unser erster Winterpilz. Ein Samtfußrübling. Erkennt
man daran, dass sich der dunkelbraune Stiel ganz pelzig und fasrig
anfühlt. Was sagst jetzt?«

»Also, dass der um die Jahreszeit überhaupt …«

»Der lebt ja sowieso im Baumstumpf und zersetzt das Holz. Und
unter Idealbedingungen, wie jetzt, schiebt er dann eben diese Fruchtkörper raus.«

»Idealbedingungen? I wenn a Schwammerl wär, dann hätt ich die
im Herbst. No a bissl Sonne und Wärme … und Laub …«

»Der hat, sozusagen, eine Art Frostschutzmittel eingelagert, damit
die Zellen in der Kälte nicht platzen.«

Hätte er bis vor einer Minute auch noch gern gehabt, der Schmidt
Max – ein inneres Frostschutzmittel. Doch jetzt hat er Feuer gefangen.

Waldexperte Rainer Schall präsentiert einen von drei (gemeint sind Sorten, nicht Einzelstücke!) leicht findbaren Winterpilzen: den Samtfußrübling

»Da san ja glei no mehra, da unten!«

Ein Samtfußrübling kommt tatsächlich selten allein. Wenn man da fündig wird, so der Rainer, habe man schnell genug für ein richtig sattes Mittagessen beisammen.

»Und verwechseln kann ma den net?«

Das sei ja gerade der Vorteil im Winter, erklärt Rainer, nunmehr ganz in seinem Element, ist er doch, unter anderem, geprüfter Pilzsachverständiger. Im Sommer und Herbst gäbe es nämlich tatsächlich Giftpilze, die so ähnlich aussähen. Aber bei diesen kalten Temperaturen wachse eben nur noch der Samtfußrübling.

Als Nächstes empfiehlt der Rainer, nach alten Buchen Ausschau zu halten, auf denen wüchsen wahrhafte Delikatessen.

»Vielleicht ein bisschen schwierig jetzt grad, die Buchen zu erkennen ... die Blätter fehlen ... aber ...«

»... aber eigentlich koa Problem!«

Jetzt hat der Schmidt Max Gelegenheit, zu Höchstform aufzulaufen.

»I brauch die Bladeln gar net, i kenn die Buche aa so!«

Nämlich am sogenannten Chinesenbart. Eine dünne, schnurrbartförmige Zeichnung der Buchenrinde über eingewachsenen Ästen. Er ist

Austernseitlinge, die hierzulande in Wildform wachsen, können auch in der Kälte große Fruchtkörper bilden

eben doch ein echter Naturbursche, der Schmidt Max. Ein echter Schwammerlbursche aber offenbar noch nicht – oder wo sind jetzt da bei der Buche die Schwammerl?

»Da oba wachset sie! Jetzt hemmer se gfunde!«

Der Schmidt Max folgt seinem Blick. In gut und gern fünf Metern Höhe entdeckt er so etwas wie kleine verschneite Balkone am Stamm.

»Sieht aus wie eine Muschelbank«, meint der Rainer. »Des sin unsere Auschternseitlinge!«

»Also genau der Austernpilz, den i im Supermarkt aa kriag?«

»Genau der. In der original Wildform.«

»Der wachst also bei uns? Der is gar net asiatisch?«

»Des meinscht bloß, Schmidt Max, weil er im Supermarkt immer neben die Shiitakepilze liegt.«

Bleibt das Problem, dass die gefundenen Pilze sich ebenso gut in Tokio befinden könnten – außer Reichweite sind sie so oder so.

»Räuberleiter, mir zwoa?«, schlägt der Schmidt Max vor.

Doch der Profi sucht das Gelände nach einem langen, einem sehr langen Ast ab und findet auch einen. Damit lassen sich die Austernpilze vom Buchenstamm lösen und purzeln in den Schnee. Pilzernte frisch

Pilze direkt am Lagerfeuer zubereiten wie der Experte

Dazu kerbt Rainer Schall die Äste und Zweige mit dem Messer so ein, dass sie wie kleine Weihnachtsbäume aussehen; das Feuer hat dann mehr Angriffsfläche und kommt schneller an den trockenen Kern

in einen ausgehöhlten Baumstumpf füllt der Wildnis- und Pilzexperte dann Wasser, Pilze, Nudeln und Gewürze

mit den Steinen aus dem Feuer wird die Suppe erhitzt

die übrigen Pilze wickelt er in Alufolie und schmort sie im Feuer

Wichtiges Pilzwissen

Finger weg von alten Pilzen; darauf achten, dass keine Maden daran fressen, und schauen, ob sie knackig und frisch wirken; gesammelte oder gekaufte Pilze bloß nicht mehrere Tage liegen lassen

Pilze niemals in enge Plastikdosen oder Tüten legen; geerntete Pilze müssen kühl und luftig liegen, damit sie frisch bleiben (lieber Korb oder Pilznetz verwenden)

Pilze möglichst nur abbürsten, bloß nicht waschen; sie saugen sich sonst voll Wasser und können nicht mehr so gut gebraten werden

Pilze nicht roh verzehren – mit Ausnahme der Zuchtchampignons sind rohe Pilze giftig oder schwer verdaulich

Pilze kann man auch im eigenen Garten züchten: alles, was man dazu braucht, ist ein abgesägter Baumstumpf, der mit dem Myzel der Gartenzuchtpilze geimpft wird

Wildnisschule Rainer Schall

↗ www.outdoorworkshop.de

vom Baum, sozusagen. Und frisch sind sie wirklich: Im Dezember erst haben sie angefangen zu wachsen, werden hier konserviert wie in der Gefriertruhe und bleiben bis in den März hinein gut erhalten.

Eigentlich würde die Ausbeute jetzt schon für ein Pilzmenü reichen. Doch da aller guten Pilze drei sind und die Abenddämmerung noch eine Weile entfernt ist, setzen die beiden als Sherlock Holmes und Dr. Watson der Pilzwelt ihre Fahndungsarbeit fort.

Doch bei allem Freizeitwert des Walddurchstreifens – könnte man sich, überlegt der Schmidt Max, die winterliche Schwammerlsuche nicht einfacher gestalten, indem man im Sommer schon vorarbeitet?

»Du kannst dich umschauen, ob du eine Stelle im Wald findest mit Altholz, wo tote Bäume auf dem Boden liegen. Da findest immer was.«

So könnte man doch gleich versuchen, die Fundstelle in den eigenen Garten zu verlegen, überlegt der Schmidt Max weiter. Ungeahnte Möglichkeiten täten sich auf. Nur einmal angenommen, es käme überraschend Besuch vorbei – da könnte man sagen: »Na, wie schaut's aus? Lust auf frische Schwammerl?« – »Ah, geh weiter, Schmidt Max!«, würde der Besuch dann natürlich sagen. »Mach dir doch keine solchen Umstände!« Und er, der Schmidt Max, würde sagen: »Umständ? Des hamma glei!«, würde geschwind in den Garten huschen und keine drei Minuten später mit taufrischen Pilzdelikatessen wieder ins Wohnzimmer hereinspazieren.

»Wenn i mir an alten Baumstamm in Garten neileg, wachst dann da was?«, fragt er also den Rainer, dem diese Frage offenbar nicht im Mindesten abwegig erscheint.

»Du kannst diese Baumstämme au glei impfa, mit Pilzbrut«, erwidert er, »und dann ebe au dort Auschternseitlinge züchta, zum Beispiel.«

Als Nächstes scharrt der Schmidt Max an einer vielversprechend erscheinenden Stelle, nämlich an einem abgestorbenen Baum, ein wenig herum. Der Fachmann indes geht an ihm vorbei, macht an einem Holunderstrauch Halt und verkündet die Nummer drei – den Mu-Err-Pilz, der trotz seines exotischen Namens ebenso wenig wie der Austernpilz ein Zugereister ist und auch als »Judasohr« bekannt ist.

Nun hat zwar der Schmidt Max seine Wette haushoch verloren. Gleichwohl aber lädt der Rainer ihn zum Pilzmenü ein, und zwar hier und jetzt. Dabei kommen seine weiteren Qualifikationen ins Spiel. Er verdient sich nämlich sein Auskommen nicht nur als Pilzexperte, sondern auch als Begleiter für Abenteuertouren in Kanada und Skandinavien sowie bei der waldpädagogischen Ausbildung von Erziehern und Naturfreunden. Bogenbauer und Messerschmied ist er nebenbei auch noch. Im Zusammenspiel all dieser Fähigkeiten trägt er nun Holz zusammen, schabt Feuerlocken, legt Feuer, erklärt einen Baumstumpf kurzerhand zum Kochtopf und zaubert unter Zuhilfenahme heißer Steine binnen kurzer Zeit eine delikate Pilzsuppe.

Somit ist ihm der Schmidt Max erst recht eine ordentliche Einladung zum Gourmetpilzmenü schuldig, und weil er sich nicht lumpen lassen will, wird es keine geringere Adresse als das *Restaurant Huber* in München, im *Gault-Millau* mit sage und schreibe 16 von 20 Punkten verzeichnet.

Dort richtet der preisgekrönte Chefkoch Michael Huber die Austernpilze zu einem Rindercarpaccio mit Portulaksalat an, kreiert aus den Samtfußrüblingen ein Pastaragout mit selbst gemachten Spaghetti und serviert die Mu-Err-Pilze mit gebratenen Jakobsmuscheln.

Frische Mu-Err-Pilze aus heimischen Wäldern waren ihm allerdings bis dato neu, wie er zugeben muss; bislang hatte er sie stets in getrockneter Form verarbeitet. Gut, dass der Schmidt Max bei ihm diniert und fachmännische Ratschläge geben kann.

»Pass auf: Da holst dir jetzt einfach einen alten Baumstamm aus dem Wald, legst ihn in deinen Garten, pflanzt ein paar Holundersträucher dazu, und schon hast deine eigene Pilzzucht. Und die volle Punktzahl im *Gault-Millau* kriegst obendrein.«

Schade nur, dass man nie erfahren wird, wie viele Punkte Rainers Waldpilzgericht bekommen hätte ... ◇

SPAGHETTI ALLA CHITARRA MIT RAGOUT UND SAMTFUSSRÜBLINGEN

Zutaten für 4 Personen

Iberico Ragout: 1 kg Iberico Schweineschulter | 5 EL Rapsöl | 2 Karotten, fein gewürfelt | 2 Stangen Sellerie, fein gewürfelt | 1 Zweig Rosmarin und 1 Zweig Thymian | 2 Lorbeerblätter | 1 Knoblauchzehe angedrückt | 2 Pimentkörner | 1 Wacholderbeere | 300 ml Rotwein | 2 EL Tomatenmark | 500 ml passierte Tomaten | Salz und Pfeffer

Öl in einem großen Topf erhitzen, das Fleisch salzen und pfeffern und von allen Seiten scharf anbraten. Das Fleisch aus dem Topf nehmen und zur Seite stellen. Jetzt das Gemüse in den Topf geben und 5 Minuten anschwitzen, das Tomatenmark zufügen und kurz mitschwitzen. Mit Rotwein ablöschen und fast vollständig verdampfen lassen.

Die Gewürze und die passierten Tomaten zugeben. Ca. 2 Std. langsam köcheln lassen, wenn das Fleisch zart ist herausnehmen. Das Fleisch in feine Würfel schneiden und wieder zur Soße geben. Beiseitestellen.

Spaghetti alla chitarra: 200 g Weizenmehl | 50 g Hartweizengrieß | 8 Eigelb | 1 EL Olivenöl | 3 g Salz

Alle Zutaten in einer Küchenmaschine ca. 10 Minuten langsam verrühren. Teig in Frischhaltefolie einschlagen und 2–3 Stunden im Kühlschrank ruhen lassen. Teig in einer Nudelmaschine 3 Millimeter dick ausrollen und mit einer Nudelgitarre zu Spaghetti verarbeiten.

Garnitur: 100 g Samtfußrüblinge | 50 g Erbsen | 2 EL Öl | Salz und Pfeffer

Öl erhitzen und die Samtfußrüblinge darin kurz und scharf anbraten, mit Salz und Pfeffer würzen, Erbsen zugeben.

Fertigstellung
In einem großen Topf 5 Liter Wasser zum Kochen bringen und salzen. Spaghetti ca. 5 Minuten darin kochen, danach abschütten. In einer Pfanne das Ragout erwärmen, Spaghetti zugeben und nochmals abschmecken. Die Spaghetti auf Teller verteilen und mit den Pilzen und Erbsen garnieren.

Restaurant Huber
↗ www.huber-restaurant.de

FLUSS-SCHWIMMEN
in Zürich

Die Schweiz ist schön. Schwimmen im Flussbad ist auch schön. Beides zusammen: vor Schönheit schier nicht auszuhalten. Das heißt, für den Schmidt Max schon, denn der kann einiges an Schönheit aushalten. (Muss er ja jeden Morgen vor dem Spiegel üben.) Dass die Schönheit der Schweiz oftmals teuer erkauft ist, weiß er natürlich. Es ist in diesem Fall nur so: Urbanen Flussbadespaß kann man erstens in Bayern weitgehend vergessen. Und zweitens gibt es ihn in Zürich sogar zum Nulltarif.

Im Zug belauscht der Schmidt Max ein Gespräch. Eine Schweizerin erzählt von ihrem Berlinurlaub vor drei Jahren. Für nur zehn Euro habe die ganze vierköpfige Familie Currywurst gegessen! Davon spräche man bis heute in der gesamten Verwandtschaft, ach was, im ganzen Kanton.

Deutschland ist eben für die Schweiz das, was Tschechien für Deutschland ist. Umso schöner, dass man als armer deutscher Teufel wie der Schmidt Max in die Schweiz reisen kann, ohne eine Privatinsolvenz zu riskieren. Nur auskennen muss man sich, und wenn sich einer auskennt, dann er.

Deshalb spaziert er nach der Ankunft im Zürcher Hauptbahnhof zum städtischen Veloverleih direkt gegenüber und holt sich ein Fahrrad. Für umsonst! Zahlen muss man nur, wenn man es über Nacht behält.

Sein nächster Weg führt ihn zum komfortablen städtischen Campingplatz. Vorher aber noch schnell an einem der 1 200 städtischen Trinkbrunnen haltgemacht und den Durst umsonst gestillt. Dann das Quartier auf dem Campingplatz: Ein Zelt, in das drei Schmidt

Maxe hineinpassen würden, für ums... nein, aber fast: für 12 Franken 50 Rappen.

Nun wäre er also installiert und kann sich seiner Zürcher Badekur hingeben. Vielmehr: *Badikur*. Was dem Berliner der Späti, ist dem Zürcher die Badi.

Die Kur beginnt am *Flussbad Oberer Letten*, am Zürcher Hausfluss Limmat gelegen, und der Eintritt dort ist – umsonst. Die Wasserqualität hervorragend.

Wie machen das die Schweizer bloß?, grübelt der Schmidt Max, nachdem er sich ausgiebig erfrischt hat und ein Sonnenbad nimmt. Blitzsauber und rundum gepflegt ist sie übrigens, die Zürcher Sonne, dazu ebenfalls umsonst. Es muss an der Schweizer Demokratie liegen. In Deutschland funktioniert Demokratie bekanntlich so, dass sich irgendwer irgendeinen saublöden Schmarrn ausdenkt, den niemand braucht und niemand haben will – eine Rechtschreibreform zum Beispiel –, und gegen den es dann Volksentscheide gibt, die den Politikern wurscht sind. In der Schweiz dagegen muss es Leute geben, die sich

Zürich hat die höchste Bäderdichte weltweit, besonders beliebt ist das Schwimmen in der Limmat im Flussbad Oberer Letten

Viele Badis verfügen über eigene Bars und Restaurants, im Flussbad
Unterer Letten gibt's abends auch ein Kinoangebot

schöne Dinge ausdenken wie eben »Städtische Flussbäder für alle! Umsonst!« Daraufhin lässt man das Volk darüber abstimmen, die Mehrheit ist natürlich dafür, und bald darauf gibt es überall wunderschöne Flussbäder.

Allerdings könnte sich der Schmidt Max so etwas auch in einer Monarchie vorstellen, vorausgesetzt natürlich, der König wäre er. König Schmidt Max I. von Bayern, um klein anzufangen. Dann würde er seine Tage damit verbringen, sich schöne Dinge auszudenken, und würde seine Untertanen jede Woche abstimmen lassen. Ob sie dafür wären, dass es an Isar, Pegnitz, Inn und Main Flussbäder gibt. Oder ob sie gern in allen öffentlichen Nahverkehrsmitteln gratis Kaffee und Kuchen gereicht bekämen, und zwar nicht von verhärmten Mindestlohnjobbern, sondern von livrierten Schaffnern, sodass man sich in der S-Bahn nach Wolfratshausen fühlt wie im Orient-Express. Auch das Interieur müsste man natürlich entsprechend umgestalten. Ja, dem König Schmidt Max I. würde so einiges einfallen, was das menschliche Leben schöner macht.

»Grüezi! Wunderschöne Badi, nicht wahr?«

Jäh wird er aus seinen machtfantastischen Träumen gerissen.

»Wos is? Äh, die Badi? Ja, pfundig!«

Man hat in der Schweiz offenbar ein gutes Auge für Fremde. Oder erkennt man dort die Deutschen einfach nur an ihrem typischen ärmlichen Aussehen? Der Herr, der ihn angesprochen hat, ist ein gewisser Marc Blickenstorfer und verbindet hier das Angenehme mit dem Nützlichen, sprich, er sieht in den Bars und Restaurants am Wasser, die er betreibt, nach dem Rechten und prüft zwischendurch am eigenen Leib die Wasserqualität in den Badis. Gern zeigt er dem Schmidt Max noch andere.

Wo ein Oberer Letten ist, gibt es nahebei auch einen Unteren Letten. Das dortige Bad existiert seit 1909, war eines der ersten Kastenbäder überhaupt und außerdem fester Bestandteil von Marcs Kindheit, unter anderem wegen der benachbarten Fußgängerbrücke. Von dort lässt es sich trefflich ins Wasser springen, was zwar eigentlich nicht erlaubt ist, aber geduldet wird. Ebenfalls sehr beliebt: sich von der starken Kanalströmung an den Rost am Ende des Bades treiben lassen (Füße voran!) und dort, abgestützt am Rechen, in der Strömung liegen bleiben.

Von der Brücke springen wird geduldet; sich vom Rechen am Ende des Kanals auffangen zu lassen, ist ausdrücklich erlaubt

Früher war der Untere Letten eine reine Männerbadi. Heute ist er
für alle da. Eintritt frei. An Juliabenden verwandelt er sich in ein Frei-
lichtkino, in dem man die zwanzig Franken, die man tagsüber eingespart
hat, auf angenehme Weise loswerden kann.

Am nächsten Tag das nächste Bad, das *Utoquai*, am Zürisee gelegen.
Diesmal ist der Schmidt Max mit acht Franken dabei. Man merkt, dass
das Bad am rechten Seeufer liegt, am Beginn der Zürcher Goldküste.
Macht nichts – für die acht Franken hat er ja bislang immerhin drei
Bäder bekommen. Allerdings gibt es hier, dem Utoquai gegenüber, ein
verlockendes Seerestaurant mit einer verlockenden Speisekarte, auf der
leider kein Umsonstgericht verzeichnet ist. Betrieben wird das Restaurant von Marc, der übrigens in seinem früheren Leben Anwalt war. Marc
setzt nicht auf Fisch – »am See macht jeder Fisch« –, sondern auf hoch-
wertiges Fleisch: gezupfte Sau und Kuh aus dem Simmental.

Nach der Stärkung wäre der Schmidt Max bereit für die nächste
Badi. Schon morgen wird er ja wieder zu Hause an der Isar sein, wo es

Perfekte Schwimmbedingungen – das Seebad Utoquai hat im Sommer
aber auch bei schlechtem Wetter geöffnet

mit Badigaudi dürftig aussieht. Im nächstgelegenen Bad, nur einen Ve-
losprung entfernt, sieht es indes für den Schmidt Max ebenfalls dürftig
aus: Das ursprüngliche »Badhaus für Frauenzimmer« von 1837 ist nämlich bis heute ein Frauenbad. Geändert hat sich, dass frau im Bad Spaß
haben darf, während ihr früher lediglich ein halbstündiger Aufenthalt
zugebilligt wurde, der ausschließlich der Körperreinigung dienen sollte.

»Und wie is etz des bei eich mit der Gleichberechtigung? Habt's ihr
aa a Männerbadi?«

Haben sie. Circa fünf Fahrradminuten entfernt, im ehemaligen
Wehrgraben an der alten Stadtmauer, direkt unterhalb des Botanischen
Gartens gelegen. Es sieht allerdings an jenem Tag mehr nach einer Zwei-
Männer-Badi aus – außer Marc und dem Schmidt Max keine Männer-
seele weit und breit. Es fehlt in dieser Idylle wohl die Hauptattraktion
für viele Männer – Frauen im Bikini.

Am Abend ändern sich die Szenerien. Das Männerbad wird zur *Ri-
mini-Bar*. Frauen erlaubt. Das Frauenbad wird zur *barfussbar*. Männer
erlaubt. Extraprogramme gibt's auch: Konzerte, Lesungen, Disco.

Man vergleiche diesen Gesichtsausdruck mit dem auf S. 41 – es handelt
sich tatsächlich um denselben Mann

Nachts verwandeln sich einige Badis in Bars, die Geschlechtertrennung
wird glücklicherweise aufgehoben

Bei der abendlichen Badi-Party ist es dann doch um den Schmidt Max seinen sorgsam gehüteten Geldbeutel geschehen. Hier wird das Bier in der Einheit *Stängli* gereicht, was noch weniger als eine Preißnhalbe ist, jedoch 7 Franken respektive 6 Euro 50 kostet. Das heißt: Aus drei Stängli könnte man eine Maß zu 19 Euro 50 zusammenschütten, was aus Schweizer Perspektive bedeutet, dass die Münchner Wiesnwirte ihr Bier quasi zum Dumpingpreis verschleudern. Oder anders gesagt: Bei der Zürcher Triathlon-Variante *Schwimmen, Velo, Saufen* sollte man in der letzten Disziplin keinen Rekord anstreben, um halbwegs ungeschoren davonzukommen. Ändern wird sich dies erst, wenn König Schmidt Max I. die Schweiz erobert und dafür sorgt, dass der Stänglipreis auf zwei Franken gesenkt wird. Aber das kann leider noch ein Weilchen dauern. ◇

Ausführliche Infos zu Flussbädern, Budget-Unterkünften und kostenlosem Fahrradverleih unter:
↟ www.zuerich.com (> Erleben > Zürich günstig erleben)

So knusprig, so gut:
DER SONNTAGS BRATEN

Ein bayerischer Sonntag ohne Schweinsbraten? Undenkbar. Oder besser: wäre in der guten alten Zeit undenkbar gewesen, als der kleine Schmidt Max allsonntäglich bei den Großeltern zu Gast war, mitsamt Eltern und Onkeln und Tanten, versteht sich. Doch seitdem hat sich vieles verändert. Wer es am Sonntag gemütlich haben will, bestellt sich Sushi oder Pizza ins Haus. Wer unbedingt einen Schweinsbraten essen will, geht ins Wirtshaus. Und statt Familientreffen gibt es heute Skype. Da kann man sich gegenseitig zusehen, wie man vor dem Laptop sitzt und ganz ohne Besteck und weißes Tischtuch die gelieferte Pizza isst, direkt aus dem Karton. O tempora, o mores!

Nun verfügt zwar der Schmidt Max bekanntermaßen über eine Fülle von unterschiedlichsten Talenten, aber gegen den Lauf der Welt kommt auch er nicht an. Und Hand aufs Herz, Schmidt Max, muss er sich sagen – wann hast du selber zuletzt eine Handvoll netter Menschen zum Sonntagsbraten eingeladen? Hast du nicht auch lieber bis elf Uhr ausgeschlafen, anstatt den ganzen Vormittag in der Küche zu verbringen? Na, siehst du. Wer die Welt verändern will, muss bei sich selber anfangen!

Anfangen heißt in diesem Fall: Erst einmal die eigenen Kochfähigkeiten wieder auf Vordermann bringen, damit es auch wirklich ein Schweinsbraten der Extraklasse wird, von dem die Gäste noch in fünfzig Jahren reden werden. Mit Dilettantismus braucht man dem Schmidt Max nicht zu kommen. Deshalb bucht er kurzerhand ein individuelles Schweinsbratenseminar bei einer Koryphäe, die mindestens einen so guten Schweinsbraten auf den Tisch bringt wie damals seine Oma, bei Otto Geisel nämlich.

Verabredet sind sie vor einer Metzgerei. Nicht vor irgendeiner, sondern vor der *Metzgerei Vogl*, ausgewählt vom Herrn Geisel. Und warum grad die? »Weil man was Gscheits einkaufen muss, wenn man was Gscheits kochen will«, hat er am Telefon nur gesagt. Glaubt der, der Schmidt Max versteht nichts vom Einkaufen? Aber nur fünf Minuten später, als sie beide im Laden stehen, wird dem Schmidt Max klar, dass es mit »ein Kilo Fleisch für einen zünftigen Schweinsbraten, bitte!« nicht getan ist. Herr Geisel legt nämlich Wert darauf, dass das Fleisch vom Schwäbisch-Hällischen Schwein stammt, und davon bestellt er ein Stück vom Bauch, aber mit der langen Rippe.

Während Metzgermeister Vogl für eine Weile im Kühlraum verschwindet, lässt sich der Schmidt Max über das Schwäbisch-Hällische Landschwein aufklären. Es existiert seit etwa zweihundert Jahren und entstand durch Kreuzung hiesiger Schweinerassen mit dem chinesischen Maskenschwein. Ab den 1950er-Jahren wurde es allmählich von anderen Schweinerassen verdrängt – »in der Schwäbisch-Hällischen Rasse steckt nämlich«, so Herr Geisel, »ein Zuchtprogramm, das mit

Richtig erkannt: Das Runde ist kein Knödel, sondern eine Blutorange – der Schweinsbraten kann auch unbayerisch daherkommen

artgerechter Tierhaltung zu tun hat. Die Tiere wachsen langsamer, dürfen länger leben, setzen aber auch mehr Fett an.« Der Trend zu magerem Fleisch zum einen und der steigende Fleischkonsum zum anderen machten dem Schwäbisch-Hällischen Schwein beinahe den Garaus. Erst 1984 wurde mit sieben verbliebenen Mutterschweinen und einem Eber eine neue Zucht begonnen.

Bevor der Schmidt Max noch mehr erfahren kann, ist der Metzgermeister wieder da, und was er mitbringt, lobt Herr Geisel als ein ganz wunderschönes Stück. Der Schmidt Max kann ihm nur beipflichten. Doch schon im nächsten Augenblick fragt er sich, ob er sich jemals wieder in diese Metzgerei hineintrauen wird, Schwäbisch-Hällisches Landschwein hin oder her.

»Ihr woits es ganz, oda?«, fragt nämlich der Metzger. »Soll i eich die Haut einschneiden?«

Worauf Herr Geisel erwidert: »Die Haut muss weg.«

»Wos etza?«

»Die Haut machen wir weg.«

»Die Haut vo dem Stückel, dass ma die obischneiden oda wia?«

»Genau.«

»Sicher?«

»Ganz sicher.«

Unterdessen sind alle Kundengespräche verstummt. Auch der Sekundenzeiger an der Uhr hinter der Theke hält die Luft an und wagt nicht mehr, sich zu rühren. Der Schmidt Max versucht beherzt, einzugreifen.

»Dann ist die aber weg, die Haut, Herr Geisel. Dann kemmer die nimmer hiimacha.«

»Genau so ist es.«

»Oiso, dann schneidmers obi?«, vergewissert sich der Metzger noch einmal. »Des wird a Operation, aber des schaffmer.«

»I kann da net zuaschaung, Herr Geisel.«

»Vertrauen Sie mir einfach, Herr Schmidt Max.«

Der Schmidt Max atmet tief durch und schließt die Augen. Falls der Braten nix wird, wird er sich in dieser Metzgerei nie wieder blicken lassen. Falls aber doch, so wird er nirgendwo anders mehr seinen

Otto Geisel kennt absolut gelingsichere Rezepte – und weiß, was gutes, nachhaltiges und freudvolles Essen ausmacht

Sonntagsbraten kaufen und ihn mit den Worten bestellen: »Vom Wammerl des vordere Stück, und macha S' ois ganz genau so, wie Sie's neulich für den gspinnerten Koch da gmacht ham, mit dem wo i zum Eikaffa da war, Sie wissen scho.«

Eine halbe Stunde später am heimischen Herd angekommen, versetzt Herr Geisel den Schmidt Max abermals in Erstaunen, indem er ihm ankündigt, dass sie nicht nur eine wohlschmeckende, sondern auch gesunde Mahlzeit zu sich nehmen werden.

»Aber grad Schwein – i moan, des is doch so a ungsunds Fleisch, sagt ma – oiso wegen der Gicht und überhaupts.«

Herr Geisel lächelt milde und schiebt dem Schmidt Max einen Mörser hin, in dem es die Gewürzmischung fürs Fleisch zu zerstoßen gilt, Chili, Pfeffer, Koriander, Fenchelsamen.

»Ungesund ist es nur, wenn es ungesund gehalten wird. Mastbetriebe, schnelle Mast, Wachstumshormone, Kraftfutter, keine Bewegungsfreiheit, und so weiter. Wir haben durch die nicht artgerechte Haltung das reinliche Schwein zur Sau gemacht. In anderen Kulturen, in Asien zum Beispiel, wird das Schwein unglaublich hoch geschätzt. Da ist das nicht irgendein billiges Essen, sondern kommt in den besten Restaurants auf den Tisch und gehört zur angesagten Lifestyle-Schlankheitsküche.«

Wichtig für den gesundheitlichen Aspekt sind natürlich auch die Beilagen. Mit anderen Worten: Der Schmidt Max wird beim Herrn Geisel keine Knödel vorgesetzt bekommen, so wie früher bei der Oma. Aber nun erst einmal das Fleisch behandeln. Die Haut, erfährt der Schmidt Max, musste weg, damit die Fettschicht schön schmelzen und mitsamt den Kräutern und Gewürzen ihren Geschmack ins Fleisch abgeben kann. »Viel Gewürze, viel Salz und Honig, Herr Schmidt Max. Das gibt eine fantastische Kruste.«

Dann ab in den Ofen mit dem Schweinsbraten. Und zwar in den kalten. Die Hitze langsam auf 160 bis 180 Grad hochfahren. Ab da sind es noch zwei bis drei Stunden bis zum fertigen Gericht. Hunger hätte der Schmidt Max eigentlich jetzt schon. Aber er wäre mutmaßlich schlimm ins Fettnäpfchen getreten, wenn er vorhin in der Metzgerei vor den Augen des Herrn Geisel eine Leberkässemmel verlangt hätte, um das Loch im Magen zu füllen.

Die Hirschkalbskeule oben wäre sicherlich auch eine gute
Alternative zum Schwein unten

Nunmehr wendet sich Herr Geisel der Beilage zu – Fenchel-Blut-orangen-Salat, lauwarm.

»Oiso – so ganz ohne Knödel«, wagt der Schmidt Max zu bemerken, »des is ja dann net unbedingt der ganz originale Schweinebraten, wie er von meiner Oma … äh, i moan, wie er in Bayern quasi erfunden worn is, sozusagen. Weil, der bayerische Schweinsbraten is ja schließlich die Mutter aller Schweinsbraten. Oder?«

Herr Geisel setzt schon wieder sein feines Buddhalächeln auf und schickt sich an, dem Schmidt Max den nächsten Zahn zu ziehen.

»Das wird wohl jeder Franzose für seinen original französischen Schweinebraten auch behaupten. Oder die Sizilianer – die machen ihn mit der gleichen Liebe und Sorgfalt, wie er in bayerischen Wirtshäusern gemacht wird, aber eben mit afrikanischen Einflüssen. Schweinebraten ist keine bayerische Exklusivgeschichte. Und Sie werden sehen, Herr Schmidt Max, Fenchel mit Orange passt perfekt dazu, auch wenn's nicht bayerisch ist.«

Der Schmidt Max darf dem Herrn Geisel noch zusehen, wie er den Fenchel, in Scheiben geschnitten, ein paar Minuten im Meersalzbad blanchiert, dann in die heiße Pfanne gibt, kurz anbrät, mit Weißwein ablöscht. Dann Salz dazu, Olivenöl, Blutorangensaft, Portwein und die filetierten Blutorangen. Ein echter Augenschmaus, findet der Schmidt Max.

Aber apropos Augenschmaus – Herr Geisel schickt ihn ins Esszimmer. Ein Weilchen dauere es noch mit dem Schweinsbraten, und die Zeit solle er nutzen, um den Tisch herzurichten und überhaupt für ein bisserl Atmosphäre zu sorgen.

Auweh zwick. Mit einer simplen weißen Tischdecke wie damals bei der Oma und einer Blumenvase dazu braucht er wahrscheinlich nicht daherzukommen. So einer wie der Herr Geisel weiß innovative Ideen zu schätzen. Noch vor ein paar Stunden wäre er, der Schmidt Max, sicher gewesen, dass allein seine Anwesenheit schon eine gewisse Atmosphäre herbeizaubert, aber auch daran hat er jetzt Zweifel. Eine Tischdekoration passend zur Jahreszeit wäre nett – ein paar Blätter Herbstlaub vielleicht. Der Schmidt Max dreht eine Runde um den Häuserblock und stopft sich die Manteltaschen voll. Drapiert die gelbroten Blätter auf dem Tisch. Jetzt noch die passende Musik dazu auflegen – natürlich *Autumn Leaves*. Doch der Tisch sieht eher so aus, als würde er zu einem Herbstspaziergang auf der Tischplatte einladen. Also wieder runter mit den Blättern und Kerzen aufgestellt. Ganz viele Kerzen. Das hat nun wirklich Atmosphäre – wirkt aber leider auch so, als müsste sich einer der beiden Herren in eine Dame verwandeln. Am Ende entscheidet sich der Schmidt Max doch für eine puristische Tischgestaltung. Herr Geisel möchte bestimmt nicht, dass die Deko das Essen überlagert.

Der wiederum hat in der Küche, wo es verheißungsvoll duftet, unterdessen schon dem Pfälzer Riesling zugesprochen und schenkt auch dem Schmidt Max ein Glas als Aperitif ein. »Ein Bier passt natürlich auch immer. Aber so ein Riesling aus der Pfalz, das ist ein Wein, der die Kraft hat, mit dem Schwein zu tanzen.«

Ja, und dann ist es endlich so weit. Der Braten kommt auf den Tisch. Und nach dem ersten Bissen fühlt sich der Schmidt Max wie im Schlaraffenland.

»Schmeckt anders, oder?«

Schweinefleisch ist nicht per se ungesund, sofern die Qualität passt – Beilagen wie ein Fenchel-Blutorangen-Salat tun ihr Übriges

»Wahnsinnig gut. Die Kruste zerfällt im Mund und ist trotzdem resch. Und die Kombination mit dem Fenchel und den Blutorangen – traumhaft, einfach traumhaft.«

»Ich hoffe, Sie können mir ab jetzt vertrauen, Herr Schmidt Max.«

»Vertrauen ist gar kein Ausdruck, Herr Geisel.«

»Aber wenn ich fragen darf – was hat Sie eigentlich an der Tisch-dekoration so lang beschäftigt? Sieht ja doch reichlich puristisch aus. Also ich meine, ein weißes Tischtuch hätte sich ganz gut gemacht, ein bisschen Blumenschmuck, schöne Stoffservietten.«

»Ah so – ja – wie bei der Oma, quasi? Da hob i ma denkt, dass des gewissermaßen doch eine Spur zu althergebracht wär, eventuell.«

Verflixt. Doch wenn es einer versteht, Situationen zu retten, dann der Schmidt Max. Schlagartig ist ihm die passende Musik eingefallen. Und die legt er jetzt auf – die Biermösl Blosn.

Dada packmas mpfda Gmiadlichkeit
dada mpfda mpfda Kraft und Schneid
dada Schweinsbradn mpfda fünf Maß Bier
dada mpfda mpfda mir san mir!

Und damit hat er nicht nur die Situation, sondern auch die Ehre des bayerischen Schweinsbratens gerettet. Oda net? ◇

Institut für Lebensmittelkultur
Otto Geisel GmbH
⚓ www.ottogeisel.de

BRATEN VOM SCHWÄBISCH-HÄLLISCHEN LANDSCHWEIN

Zutaten für 4 – 8 Personen (je nach Portionierung)

Entweder ein Stück Bauch (Brust mit Rippen) oder ein Stück aus dem Rücken (Karree), ebenfalls mit Rippenknochen, etwa 1,5 bis 2 kg | Meersalz | schwarzer Pfeffer | getrocknete Koriander- und Fenchelsamen | Honig | getrockneter Gewürzpaprika (Peperoni, Chili) | 2 kl. Fenchelknollen | 3 – 4 Blutorangen | frisch gepresster Zitronensaft | kalt gepresstes Olivenöl | Sherry

Zubereitung

Die Haut am besten vom Metzger behutsam abschneiden lassen, sodass der zarte, weiße Speck sichtbar wird. Diesen in Rauten tief einritzen und ordentlich mit feinem Meersalz einreiben. Kein anderes Fleisch braucht – und verträgt – mehr Salz als Schwein!

In einem Mörser eine Gewürzmischung aus Pfeffer, Koriander- und Fenchelsamen sowie Gewürzpaprika herstellen und ebenfalls in die Rauten einmassieren. Zum Schluss mit etwas flüssigem Honig beträufeln, hierbei aber bitte recht sparsam sein, sonst wird die Kruste zu süß, zu dunkel (Karamell) und auch zu weich!

Ofen nicht vorheizen. Den Braten mit der Kruste nach oben in die Reine legen und im unteren Drittel des Ofens bei ca. 160°C in etwa 2,5 bis 3 Stunden garen lassen. Nicht wenden. Am Ende der Bratzeit den Braten aus dem Ofen nehmen und die Temperatur auf 220°C Umluft-Grill umschalten (ersatzweise Oberhitze-Grill, kleinste Stufe). Im unteren Drittel des vorgeheizten Ofens in ca. 20 Minuten kross braten.

Die Fenchelknollen von oben nach unten vierteln, den Strunk diagonal so entfernen, dass die Fenchelviertel nicht auseinanderfallen und diese dann nochmals längs dritteln. Die Fenchelstücke in 2 Liter kochendem, sehr gut mit grobem Meersalz gesalzenem Wasser einmal kurz aufkochen (»blanchieren«), sofort abschöpfen und in eine Schale geben. Den dampfenden Fenchel mit etwas frisch gepresstem Zitronensaft und kaltgepresstem Olivenöl beträufeln und weiter ausdampfen lassen. Danach mit einem Teller oder Küchenfolie abdecken. Die Blutorangen schälen und mit einem sehr scharfen Messer ohne Häute und Kerne filetieren.

Die blanchierten und marinierten Fenchelscheiben in einer Edelstahl-pfanne mit etwas Weißwein nochmals leicht erwärmen, mit Meersalz nachwürzen und mit trockenem, leicht herbem Amontillado-Sherry abschmecken.

Zum Schluss mit den Orangenfilets und ihrem Saft sanft erwärmen, vermischen und auf eine tiefe Platte bzw. in einer flachen Schüssel anrichten. Wenn das Fenchelkraut frisch, zart und gelbgrünlich ist, kann es grob gehackt über den warmen Salat gegeben oder auch untergemischt werden.

Spezialtipp von Otto Geisel
Das Fenchel-Kochwasser nicht weggießen, das kann sehr gut als Basis für eine Gemüsebrühe o. Ä. dienen.

Wichtig: Eine gewisse Grundwürze des Fenchels sollte durch den guten Salzgehalt des Kochwassers gegeben sein, denn nachträglich bekommt man keinen Geschmack mehr ins Gemüse und die Gefahr des Versalzens durch nachträgliches, zu starkes Salzen ist groß!

WANDERN IM REGEN
herrlich, nichts wie raus

Alle werden älter, nur der Schmidt Max nicht. Der zieht sich bei Regenwetter seine gelbe Regenpelerine an und Gummistiefel dazu, und dann raus und durch die Pfützen patschen, dass es eine Art hat. Oder steht vielleicht irgendwo geschrieben, dass man nur bei Sonnenschein rausgehen darf? Nein. Hingegen steht in ausgewählter Wanderfachliteratur sogar, dass man *grad* bei Regen rausgehen soll, und, noch wichtiger, *wo* es bei Regen dann auch am schönsten ist.

Einen jener Regenwanderprofis hat der Schmidt Max aufgesucht. Man will ja nicht immer durch dieselben Pfützen patschen, denkt er sich, was bedeuten könnte, dass er doch älter und damit wählerischer wird. Beim Regenwanderführer handelt es sich um den Österreicher Siegfried Hetz, der eigentlich studierter Philosoph und Literaturwissenschaftler ist und als Regenwanderer Autodidakt.

Aber auch ein staatlich geprüfter Diplom-Regenwanderer könnte nicht herbeizaubern, was fehlt, als der Schmidt Max mit ihm in Mattsee zusammentrifft – Regen. Nutzt nix, machen sie eben eine Trockenübung, und vielleicht hilft es ja, dabei intensiv über den Regen zu plaudern, der es eventuell dem Leibhaftigen gleichtut und ebenfalls dann dahergelaufen kommt, wenn man von ihm spricht.

Ganz grundsätzlich empfiehlt der Siegfried, man solle bei Regen an einem Seeufer oder Bachlauf entlanggehen, um das tönende Zusammenspiel des Wassers vom Himmel und des Wassers auf Erden genießen zu können. Auch Touren um Moore herum legt er seiner Leserschaft ans

Herz. Eine mystische Halbwelt sei das Moor, schwärmt Siegfried, nicht
mehr ganz Erde, noch nicht ganz Wasser. Nur aufpassen müsse man
halt, Abstand halten, damit man nicht in ein paar hundert Jahren als
Moorleiche rausgezogen wird.

Der Regen will sich indes trotz aller Fachgespräche immer noch
nicht einstellen. Die Nutzung einer Wetter-App, um dem Regen eventuell nachzureisen, lehnt Siegfried ab. Da mache man sich bloß verrückt,
und genau das strebe man ja *nicht* an, wenn man sich auf eine Regen-
wanderung begebe.

»Es muaß ja aa net immer glei regna«, meint der Schmidt Max. »Es
gibt ja aa Landstriche, die bei so diesigem Wetter – oda?«

»Recht hast du, Schmidt Max. Die Wolken hängen tief, das gibt eine
ganz eigene, mystische Stimmung. In einer Klamm ist das besonders span-
nend. Wenn da so tief die Wolken drinhängen, ist das hochdramatisch.«

»Und wenn's aso vo die Wänd a bissl obilafft ...«

»... und ganz unten wurlt's, also, das ist sozusagen eine Wasserhölle,
da tut sich was ...«

Sage noch einer, Worte hätten keine Macht. Dass zuallererst das
Wort kam und danach erst alles andere, kann man schon in der Bibel

Der Salzburger Buchautor
und leidenschaftliche Regenwanderer Siegfried Hetz erklärt
die Vorzüge des Wassers
von oben und von der Seite

nachlesen. Es folgt also auf die wassergetränkten Worte tatsächlich der Regen, und weil das schlechte Wetter für die Regenwanderer das gute Wetter ist, hebt sich schlagartig die Laune. Feucht-fröhlich, könnte man sagen. Zumal der Regen als sanfter Nieselregen alias »Schnürlregen« niedergeht, wie man ihn im Salzburger Land an zwei Dritteln aller Tage im Jahr bestens kennt. (Schnürlregen nicht, weil er in Gestalt langer Schnüre statt Tropfen daherkommt, sondern weil man an die Perlen auf der Schnur beim Rosenkranzbeten denkt.) Nur eine Sorte Regen gibt es im Übrigen, die der Siegfried als Spaßbremsenregen einstufen würde, nämlich den windgepeitschten Regen, der einem nahezu waagerecht ins Gesicht prasselt.

Heute aber sind die Regenwanderer in ihrem Element.

»Schmidt Max, schau dir doch einmal diese wunderschönen bemoosten Steine an. Da musst genau hinschauen, wie schön das ist. Wenn's regnet, öffnet sich das Moos. Es fängt zu glänzen an, die Farbe ändert sich …«

»Ja, und i find aa, wenn's regnet, fangt's immer a bissl zum Riacha oo. Ma riacht den Regen, quasi.«

»Die Erde geht auf, wenn der Regen kommt, und der Humus riecht.«

Mag sein, dass der Siegfried aus der Not eine Tugend gemacht hat mit seinem Regenwanderführer; schließlich regnet es in und um Salzburg herum häufig. Mag auch sein, dass ihn nach fünf Kulturwanderführern, für die er stets Schönwetterfotos abliefern musste, eine Rebellionsstimmung gepackt hat. Dennoch kann man nicht behaupten, dass sich der Schmidt Max und er die Sache schönreden müssen, wie sie nun durch eine Luft spazieren, die man fast trinken kann, und die zudem von den aufsteigenden Erdaromen durchtränkt wird. Die drei Elemente Erde, Wasser und Luft scheinen einander belebend zu durchdringen.

»Und weil des alles so schee is, hast du dir denkt, ›mach i a Buach‹. Mit Touren, die ma bei Regen guat macha kann.«

»Die auch nicht zu lang sind, damit man nicht durchweicht wird, sondern immer im Rahmen von eineinhalb bis zwei Stunden. – Und außerdem natürlich trittsicher.«

Trittsicher! Ja, genau das ist ein wichtiger Grund, weshalb es Regenwanderführer gibt – und weshalb man keineswegs jede beliebige

Die Natur zeigt sich bei Regen von einer anderen Seite, Moos öffnet sich,
fängt an zu glänzen und ändert seine Farbe

Schönwettertour bei Regen machen soll. Schon gar nicht in den Bergen.
Philosophierend an Seeufern und Bachläufen entlangspazieren ist das
eine, von einem Gebirgsunwetter überrascht zu werden das andere.

So jedenfalls sieht es Michael Düchs, ein alter Kumpel vom Schmidt
Max, den er voll frischem Regenwanderungsenthusiasmus angerufen
hat: Jetzt, wo er, der Schmidt Max, die Phase des kindlichen Pfützen-
patschens hinter sich gelassen hat, könnte man doch einmal gemeinsam
in die Berge gehen, er, der Michael, sei doch da als ausgebildeter Bergführer eh ständig unterwegs.
    Dem Schmidt Max zuliebe lässt sich der Michael auf eine Wande-
rung bei leicht verhangenem Himmel ein, verhehlt jedoch nicht, dass er
eigentlich lieber daheimbleibt, wenn der Wetterbericht Regen meldet.
Klar könne das Erlebnis bei schlechtem Wetter intensiver werden. Aber
eben auch saugefährlich. Auch dann, wenn man seinen Schlüssel einstecken hat.
    »Schlüssel?«
    Triumphierend zieht ihn der Michael aus der Tasche.

»Den hab ich vom Alpenverein zur erfolgreichen Bergführer-ausbildung geschenkt bekommen. Der ist für alle Winterräume, also Noträume, in den deutschen und österreichischen Alpen.«

… und damit im Ernstfall wertvoller als der Schlüssel zu den briti-schen Kronjuwelen im Tower, denkt der Schmidt Max.

»Derf i den amoi ooglanga? – Des is der Schlüssel für alle Winter-räume?«

Völlig gleichgültig in diesem Moment, ob es tausend sind oder doch nur drei.

Ausgewählte Regenwanderungen

Dreiseenwanderungen in Mattsee (Salzburger Land, Österreich)
Die Tour dauert zwei Stunden, geht über Asphalt, Sand und Steinwege. Start ist am Strandbad von Mattsee. Die Wanderung führt abwechs-lungsreich durch Wald, Wiesen und an einem kleinen Moor vorbei. Vor allem hat man fast immer einen von insgesamt drei Seen im Blick.

Zum Gollinger Wasserfall in Golling an der Salzach (Salzburger Land, Österreich) Die Tour dauert zwei Stunden, Start ist am Marktplatz in Golling. Die Wanderung führt über Straße, Sand- und Steinwege. Begleitet wird man auf dieser Tour vom Schwarzenbach mit seinen beeindruckenden moosigen Steinen. Am Ende des Wegs erwartet einen der Wasserfall, der trapezförmig 75 Meter in die Tiefe stürzt.

🥾 www.salzburgerland.com/de/regenwandern-im-salzburgerland

Durch die Almbachklamm bei Marktschellenberg (Oberbayern)
Je nachdem, für welchen Weg man sich entscheidet, dauert die Wanderung eineinhalb bis drei Stunden. Start ist an der Kugelmühle der Familie Anfang. Der Weg durch die Klamm führt über 29 Brücken und Stege. Da das Wasser von den Felswänden hinabstürzt, ist es in der Klamm immer feucht. Für diese Tour ist Trittsicherheit und Schwindel-freiheit erforderlich, gerade bei Regen. Die Klamm ist geöffnet, sobald sie nach dem Winter wieder begehbar ist, und kostet Eintritt.

🥾 www.berchtesgaden.de/almbachklamm

Buchtipp
Siegfried Hetz, Regenwandern zwischen Salzach und Saalach, Verlag Anton Pustet 2016

Die Wahrnehmung der Welt wird bei Schlechtwetter eine andere,
nicht nur nasser, sondern auch fokussierter und spannender

»Kannt i mir den eventuell ausborgen, dass i mir den beim Schlüsseldienst nachmachen lass?«

»Den holst du dir bei deiner Alpenvereinssektion, wenn du weißt,
du bist in der Gegend unterwegs. – Krieg i den Schlüssel jetzt wieder?«

Nur ungern gibt ihn der Schmidt Max zurück. Aber jetzt sind sie
auch schon an der *Berggaststätte Söldenköpfl* angelangt, wo der regionale DAV-Chef Beppo Maltan zu ihnen stößt – und der kann für das
Delikt »Hüttenschlüssel in unbefugter Hand« bestimmt zehn Jahre Bergverbot verhängen.

Gemeinsam stapfen sie vierhundert Höhenmeter weiter nach oben
zur *Bezoldhütte* auf dem Toten Mann. Beppo weiß einerseits Schlechtwettertouren zu schätzen. Man ist allein, man hat seine Ruhe, man
schaut nicht nach oben, sondern auf den Wegesrand und kann sich auf
die Schönheit der Alpenrosen konzentrieren – im Berchtesgadener Land
auch »Schneekadern« genannt. Andererseits bremst auch er des Schmidt
Max' Regenenthusiasmus.

»Sind zwar nur eineinhalb Stunden vom Söldenköpfl auf den Toten
Mann, und der Weg ist leicht und breit genug. Aber bei Regen – nicht
zu unterschätzen!«

Auch wenn man in die *Bezoldhütte* ganz ohne magischen Schlüssel hineinkommt, wie der Schmidt Max dann feststellen darf. Allerdings stellt er auch fest, dass eine beschauliche Flachland-Regenwanderung hier oben rasch in eine ungemütliche Schneewanderung ausarten kann.

Also doch lieber weiterhin kindlichen Gemüts durch Flachlandpfützen hüpfen? Am Ende gar besser dorthin fahren, wo es ganz flach und das Wetter garantiert schlecht ist – in den Norden? Nach Hamburg?

Auch davon raten die Profis ab. Der Schmidt Max glaube es oder nicht – aber München hat im Jahr vierzig Regentage mehr als Hamburg, mögen die Fischköppe sich noch so viel auf ihr schlechtes Wetter einbilden.

Bayern hat eben, wie immer, die Nase vorn, kann der Schmidt Max da nur resümieren. Und wenn Regenwandern in den Bergen wirklich so gefährlich ist, wird er eben nächstes Mal das Fränkische Seenland anpeilen, wenn ihm die Pfützen vorm Haus zu fad werden. ◇

Das allmächtige
TASCHENMESSER

Sein erstes und letztes Taschenmesser hat der Schmidt Max zum sechsten Geburtstag bekommen. So ein richtiges Schweizer Offizierstaschenmesser. Nur leider ohne Gebrauchsanweisung dazu, weshalb es jahrzehntelang in diversen Schubladen neben ihm her gelebt hat. Neulich ist es ihm beim Aufräumen wieder einmal in die Hand gefallen. Eigentlich ein schönes Messer, hat er sich gedacht. Jammerschade, dass ihm noch niemals jemand gezeigt hat, wie man all die Wunderdinge bewerkstelligt, die mit einem solchen Messer möglich sind. Bekanntlich wurden damit schon Tumore entfernt, Reifen gewechselt, Münzen geprägt, Anzüge geschneidert, Klaviere gestimmt, Biere gebraut, Bleistifte geschnitzt, Schweine geschlachtet, Pyramiden errichtet, Spielfilme gedreht und Zähne gezogen, um nur eine kleine Auswahl zu nennen. Aber wenigstens sauber machen könnte er es wieder einmal.

Der Schmidt Max schnappt sich ein Tuch und reibt das Messergehäuse blank. Und plötzlich ist er da, der … das heißt, so plötzlich auch wieder nicht; vielmehr hat es so ausgesehen, als wäre er allmählich aus dem Messer emporgewachsen wie der Dschinn aus Aladins Wunderlampe. Der Messergeist. Um einen solchen scheint es sich jedenfalls zu handeln, wenngleich um keinen orientalischen, denn er sagt: »Grüezi! Was für einen Wunsch kann ich dir erfüllen, Schmidt Max?«

Der Messergeist materialisiert sich allmählich zu einem stämmigen Mann mit Kurzhaarschnitt und freundlichem Lächeln und sieht dem braven Soldaten Schwejk nicht unähnlich.

»Schön, dass du mich endlich entdeckt hast, Schmidt Max. Schon über vierzig Jahre warte ich auf dich!«

Taschenmesser mit 80 Einzelteilen gibt es – Funktionen wie Kamm,
Taschenlampe und Cocktailgabel haben sich aber nicht durchgesetzt

»Auf mi?«

»Freilich auf dich! Ich heiße Felix Immler und bin dein persönlicher
Offiziersmessergeist, wie sie noch bis 1980 in die Messer eingebaut wurden. Besser als jede Gebrauchsanweisung, haben sich die Fabrikherren
und -meister damals gedacht, aber irgendwann mussten sie einsehen,
dass längst nicht jeder seinen Messergeist findet.«

Im Schmidt Max seinem Kopf geht es drunter und drüber. Ob sich
der Felix mitsamt dem Messer gleich einmal um die Zylinderkopfdich-
tungen an seinem Opel Kadett kümmern sollte? Doch bald richten sich
seine Gedanken in die Vergangenheit. Was mögen das Messer und er
nicht alles verpasst haben bisher ... da wäre es doch am schönsten, wenn ...

»Guat, Felix«, sagt der Schmidt Max also, »dann zoagst mir jetzt
bittschön, was i von klein auf ois hätt macha können mit dem Messer!«

»Nichts leichter als das!«, sagt der Felix, entfaltet den fliegenden
Teppich, der im Messer verborgen war, nimmt den Schmidt Max an
der Hand, und keine Minute später befinden sie sich in einem Wald-
stück.

»Hier werden wir uns zusammen eine kleine Küche mit Drehgrill bauen, einen Tisch, zwei Stühle und eine Hängematte, damit wir danach schön ausruhen können. Was meinst, Schmidt Max?«

Der betrachtet ungläubig sein Messer.

»Und du moanst, des glangt, was i da im Messer hob? Große Klinge, kleine Klinge, Holzsäge, Ahle?«

»Damit kannst du dir ein Haus bauen, Schmidt Max. Das ist eine komplette Werkstatt für den Hosensack!«

Und los geht's. Die erste Grundregel des Schnitzens lautet: »Wer schnitzt, der sitzt!« Also basteln sich der Schmidt Max und der Felix als Erstes zwei Hocker aus diversen gefundenen Ästen – »Regel Nummer zwei lautet nämlich: niemals Äste von Bäumen abschneiden!« –, die sie zurechtschnitzen, plus jeweils einem flachen großen Stein als Sitzfläche und außerdem ganz ohne Nägel und Schrauben. Stattdessen wird die Konstruktion mittels Seil fixiert, das der Messergeist plötzlich hervorzaubert – oder hat er es doch aus dem Messer gezogen?

Bushcrafter Felix Immler erklärt Schnitzregeln, Knotentechniken und wo man sich im Wald bedienen darf

Für eine Hängematte, die nicht nur gut ausschaut, sondern auch hält,
braucht man weder Nägel noch Schrauben

Jetzt könnte man allmählich zum gemütlichen Teil übergehen, denkt
sich der Schmidt Max. Hat Felix nicht von einer kleinen Küche mit Drehgrill gesprochen? Allerdings müsste man erst einmal ein Reh oder einen
Hasen erlegen. Ob das auch mit dem Messer geht? Nein, Felix greift in
seinen Proviantrucksack und zieht ein bereits küchenfertiges Huhn her-
vor, das in der Messergeistsprache »Gickerl« heißt.

»Aber bevor wir zum gemütlichen Teil kommen, Schmidt Max,
muss ich dir erst noch ein paar Schnitzregeln beibringen, und dann
geht's erst einmal weiter mit Gabeln schnitzen. – Also: immer vom
Körper wegschnitzen!«

»Eh klar.«

»Dabei aber aufpassen, dass du dir nicht in den Arm ritzt! Das heißt:
Die Hand, die den Ast hält, ist hinter dem Messer. Dann: immer nur ein
Werkzeug auf einmal ausklappen! Und: niemals einen Baum anritzen,
weil, du willst ja auch kein Herz in deine Haut hineingeritzt bekommen!«

Der fürsorgliche Messergeist, ein echter Schweizer eben, gibt keine
Ruhe, bis der Schmidt Max alle Schnitzregeln auswendig aufsagen kann.
Sodann bringt er ihm bei, wie man unter Zuhilfenahme der Feinschnei-
detechnik – »nicht mit der Führungshand drücken, sondern mit dem

Daumen!« – eine Gabel schnitzt, und fasst, unermüdlich, wie Geister nun einmal sind, sofort das nächste Projekt ins Auge, nämlich die Hängematte, mag auch der Schmidt Max bereits vom Gickerl träumen.

Für die Hängematte braucht es ungefähr zehn lange Waldreben – eine lianenartige Kletterpflanze – plus vier stabile Astgabeln. Aus zwei von ihnen bastelt man sich Distanzhalter, die später dazu dienen, die Liegefläche aufzuspannen. Die beiden anderen Astgabeln kommen an die rückwärtige Seite der ausgewählten Baumstämme und verhindern dort das Abrutschen der Lianenstränge. Dann nimmt man einen langen Waldrebenstrang und wickelt seine beiden Enden mehrfach um die Bäume. »Die Enden, Schmidt Max, musst du schön verflechten, indem du sie zwischen den einzelnen Lianensträngen hindurchführst! Fein, jetzt haben wir unseren Mittelstrang!« Nun werden die äußeren Stränge um die beiden Bäume gelegt – bei den äußersten kommen die Distanzhalter zum Einsatz –, mit ihren Enden verflochten, und abschließend werden dünnere Waldreben als Querstränge eingewoben. Zuletzt werden die Distanzhalter mit weiteren Waldreben fixiert – fertig!

Vermutlich der weltweit erste und einzige »Taschenmesser-Pädagoge« – für Felix Immler wurde eine eigene Stelle geschaffen

Aber insgesamt fertig sind sie noch lange nicht. Zum zivilisierten Speisen gehört nach Ansicht von Messergeist Felix ein richtiger Tisch, da hockt man sich nicht einfach so auf den Boden. Wie gesagt, er ist kein Orientale, sondern Schweizer, und der Schmidt Max fühlt sich allmählich wie der Zauberlehrling, der die Geister, die er rief, nicht mehr loswird. Immerhin, man muss keinen Baum fällen mit dem Taschenmesser, was ja ohnehin ein Regelverstoß wäre. Der findige Felix entdeckt eine umgestürzte Tanne, von der es bereits ein paar Bretter abgespalten hat – jedenfalls so gut wie – und zeigt dem Schmidt Max, wie man sich mittels des Messers größere Werkzeuge bastelt, einen Holzkeil zum Beispiel, um das Holz zu spalten.

»So, und jetzt bist du reif für unser Abschlussprojekt«, verkündet Felix. »Unser Drehgrill!«

Als der Schmidt Max ein Bub war, hat er an Bächen mit großer Freude Dämme gebaut. Damit war das Spielen am Wasser aber auch schon wieder ausgeschöpft. Klar, er hatte ja den Messergeist noch nicht

Die ganze Werkstatt im Hosensack – und wer nicht auf eine gewisse Tischetikette verzichten will, kann sich damit auch eine Gabel schnitzen

Wasserrad und Drehgrill, alles selbst gebaut – nur das Gickerl sollte
man sich von daheim mitnehmen

wachgerufen. Was für eine grandiose Kindheit wäre das gewesen, wenn
er damals schon … aber jetzt holt er nach, so gut er kann. Felix skizziert
ihm die Konstruktion auf eine Steinoberfläche: Herauskommen bei der
folgenden Bastelarbeit soll eine Art Mühlenrad, das den Spieß mit dem
Gickerl über der Feuerstelle in Drehbewegung hält. Zum Glück muss der
Schmidt Max nicht alles allein bewerkstelligen. Felix wird, sozusagen,
nachträglich sein bester Kindheitsfreund, und nach nicht allzu langer
Zeit dreht sich das Gickerl seiner vollendeten Garung entgegen.

Bis es fertig ist, hält der Felix den Schmidt Max bei Laune, indem
er ihm, wenn sie schon mal am Wasser sind, ein kleines Schiff bastelt –
»schau, das geht ganz leicht: Du brauchst nur ein Stück Treibholz, einen Haselnussstecken, einen flachen Stein und eine schöne Feder. Aus
dem Holzstück schnitzt du dir einen symmetrischen Rumpf – so –, und
mit der Ahle bohrst du ein paar Löcher hinein für Segel, Ruder und
Kiel.«

So vergeht für den fröhlich spielenden Schmidt Max die Zeit wie im
Flug, und als Felix ihn zum fertigen Gickerl ruft, merkt er überrascht,
dass er seinen Hunger ganz vergessen hatte. Jetzt aber verwandelt er
sich wieder in einen erwachsenen Schmidt Max und lässt sich vom

Messergeist ein Bier zum Gickerl – nein, zum halben Gickerl kredenzen. Auch Geister können offenbar Hunger bekommen.

»Ja, und wie wär jetzt des mit einem Dessert zum Abschluss?«, erkundigt sich der Schmidt Max nach der Mahlzeit. »So a bissl an Kas oder was Süßes? Vielleicht könntest uns noch aus einem Gouda einen Emmentaler schnitzen? Oder aus einer Tafel Schoklad eine Toblerone?«

Da tritt er aber beim Schweizer Messergeist gewaltig ins Fettnäpfchen. »Mit Emmentaler und Toblerone macht man keine Witze, Schmidt Max! Genug gespielt für heute – ab ins Bett!«

In Windeseile wird er zurück nach Hause verfrachtet, und Felix verabschiedet sich. Nachdenklich betrachtet der Schmidt Max sein Taschenmesser. Was für ein schöner Kindheitstag! Aber den beleidigten Messergeist wird er wohl besser für eine Weile (siehe Seite 222) in Ruhe lassen ... ◇

Ausführliche Infomaterialien und Hinweise zu
Felix Immlers Büchern und Workshops unter:
➤ www.taschenmesserbuch.ch

Italienisch verführt
MIT RISOTTO VARIATIONEN

> **Risotto con Basilico**
> Zutaten für 4 Personen
>
> Vorzubereiten sind … 1 Schmidt Max | 1 Gabriele Ferron
>
> 400 g Reis, Vialone Nano oder Carnaroli | 900 ml Gemüsebrühe |
> 60 Basilikumblätter | 20 g Extra Vergine Olivenöl | Nussbutter |
> ½ Schalotte | 60 g Parmesan | Salz und Pfeffer

Man nehme den Schmidt Max, der sich bereits bei der Zubereitung der besten Pizza der Welt (siehe Seite 58) bewährt hat, setze sich mit ihm in seinen alten Opel Kadett, den er bekanntlich vom Großvater geerbt hat, und fahre mit ihm zum Risottogroßmeister Gabriele Ferron nach Italien, in den kleinen Ort Isola della Scala bei Verona.

Dort stelle man den Schmidt Max zu Signor Ferron an den Herd, damit er aus erster Hand lernt, wie man ein gescheites Risotto macht, doch trage man Sorge, dass er nicht überfordert wird, sondern mit einem idealen Einsteigerrezept beginnt, nämlich dem Risotto con Basilico.

Ebenso erleichtere man ihm die Arbeit am Herd durch die Wahl einer anfängertauglichen Reissorte, die viel Stärke enthält und dadurch die gewünschte cremige Konsistenz des Risotto unterstützt, nämlich vorzugsweise die von Signor Ferron reaktivierte alte Sorte Vialone Nano. 400 g davon lasse man den Schmidt Max in ein wenig Olivenöl glasig rühren, das favorisierte Behältnis sei ein Kupfertopf und das Rührgerät ein Holzlöffel mit Loch, der die Körner ganz und somit die Stärke in den Körnern lässt. Außerdem solle sich der Schmidt Max merken, dass der

Reis dann so weit ist, wenn man eine Handvoll davon nicht mehr in der
Faust halten kann, weil er so heiß ist, dass es wehtut.

Hat der Reis dieses Stadium erreicht, gebe der Schmidt Max die
Gemüsebrühe dazu, die bereits eine Stunde geköchelt hat, und rühre
fortan nicht mehr, was ihm schwerfallen wird, weil er früher immer
ganz furchtbar viel gerührt hat. Stattdessen beschäftige er sich mit dem
Zerkleinern der Basilikumblätter und dem Reiben des Parmesan und
dem Lauschen der Erklärungen von Signor Ferron, die besagen, dass
durch Umrühren die Stärke zu schnell freigesetzt wird, was der Risotto-
konsistenz (siehe vorherige Seite) nicht zuträglich ist. Wenn der Schmidt
Max mit dem Basilikum und dem Parmesan endlich fertig ist, dürften
auch schon 15 Minuten um sein, und er kann den Topf vom Feuer nehmen, Basilikum, Parmesan und Butter unter den Reis mischen und mit
Salz und Pfeffer abschmecken.

Hat er dies alles in gewohnter Schmidt-Max-Manier, das heißt
mit Bravour bewältigt, so sehe man zu, dass man auch einen Teller
vom Risotto abbekomme, und lasse den Schmidt Max in seinem besten
Italienisch mit Signor Ferron plaudern, damit er ihm noch ein paar

Im Veneto wird seit dem Mittelalter Reis angepflanzt, ein funktionierendes
Kanalsystem zum Fluten der Felder schafft die Basis dafür

Auf 1 500 Hektar wird in der Nähe der Pila Vecia, der Reismühle der Familie von Gabriele Ferron, Rundkornreis angebaut

Gabrieles Risotto-Geheimnisse auf einen Blick:

Anfänger nehmen am besten Vialone Nano Veronese – diese Reissorte verkocht nicht und verzeiht auch zu viel Brühe

Reis in Olivenöl anbraten; zum Rühren einen Holzlöffel mit Loch verwenden, so bleiben die Körner ganz und die Stärke in den Körnern; wenn der Reis »singt« – man ihn also nicht mehr in der Hand halten kann – ist er reif für die Brühe

Kochende Brühe auf einmal zugeben, einmal umrühren und dann nicht mehr – sonst verliert der Reis zu viel Stärke

Nicht mit Wein ablöschen – der Reis erleidet dadurch einen Temperaturschock; in Italien sagt man: »Reis wird im Wasser geboren und muss im Wein sterben«

Kochtopf und Schöpfer aus Kupfer verwenden – die verteilen die Wärme besser

Riso e vino

Wein gehört nicht *in* den Risotto – man trinkt ihn *zum* Risotto. Und da bestimmen die Zutaten die Auswahl: Spargel-Risotto liebt beispielsweise einen fränkischen Silvaner mit seiner verhaltenen Säure. Basilikum-Risotto und seine gemüsigen Noten mögen einen Sauvignon Blanc aus der Pfalz oder der Südsteiermark. Zum Risotto mit Hühnerleber passt ein Spätburgunder aus dem Mainviereck. Und Rotwein ist natürlich auch beim Amarone-Risotto angesagt – übrigens der einzige Risotto, in den Gabriele Ferron Wein gibt.

Buchtipp

Thomas Vilgis u. a., Kochen in Kupfer. Material – Rezepte – Genuss, ars vivendi verlag 2020

Risottorezepte und Küchentipps entlocke, wie zum Beispiel den, dass man keinesfalls mit Wein ablöschen darf, weil der Reis dadurch einen Temperatursturz erleidet.

Auch kann es lohnend sein, von Herrn Ferron mehr über sein Verhältnis zum Kochen zu erfahren, da er gern zu sagen pflegt »per me cucinare e como far amore«, was man verstehen kann, ohne je Italienisch gelernt zu haben.

Risotto alla Pilota
Zutaten für 4 Personen

320 g Vialone Nano Reis | 700 ml Fleischbrühe | 200 g magerer Speck |
1 Tomate | ½ Zwiebel | Rosmarin | Zimt | Butter | Salz und Pfeffer

Zubereitung
Fleischbrühe in einem (Kupfer-)Topf zum Kochen bringen, den Reis
hinzufügen, mit einem Holzlöffel umrühren und den Topf zudecken.
In einem weiteren Topf die fein geschnittene Zwiebel in Butter andünsten, den gewürfelten Speck und Rosmarin dazugeben und zum
Schluss die klein geschnittene Tomate. Alles abschmecken und köcheln
lassen. Wenn der Reis 10 Minuten gekocht hat, die Speck-Mischung
zugeben. Den Topf mit einem Leinentuch und dem Deckel zudecken,
den Herd abschalten. Nach 3 – 4 Minuten den Reis mit dem Zimt
umrühren, Salz und Pfeffer zufügen und servieren.

Risotto venere con Gamberi, Pollo e Ananas
Zutaten für 4 Personen

320 g Venere Reis | 700 ml Gemüsebrühe | 200 g geschälte Krebs-
schwänze | 100 g Hühnerbrust | 60 g Ananas | 20 g Schalotten |
20 g Extra Vergine Olivenöl | Gewürznelken | Salz und Pfeffer

Zubereitung
Gemüsebrühe aufkochen lassen. Die mit 5 Gewürznelken gespickte
Zwiebel in 20 g Olivenöl glasig dünsten. Den Reis hinzufügen, umrühren
und ein paar Minuten glasig rösten. Die ganze kochende Gemüsebrühe
hinzufügen, vorsichtig umrühren und zudecken. Sobald die Brühe
wieder zu kochen beginnt, den Topf vom Feuer nehmen und 30 Minuten bei 200° C in den vorgeheizten Ofen stellen.

Währenddessen in einer Pfanne die gehackten Schalotten in Olivenöl
andünsten, die enthülsten Krebse hinzufügen und ein paar Minuten
auf hoher Flamme schwenken.

In einer anderen Pfanne die in Würfel geschnittene Hühnerbrust in
Olivenöl schwenken, salzen, pfeffern, die Krebse und die in Würfel
geschnittene Ananas hinzufügen.

Krebse, Hühnerbrust und Ananas zum heißen Reis geben, umrühren
und mit Krebsen garniert servieren.

Der Venere-Reis für das Risotto mit Garnelen, Hühnerbrust und Ananas ist von Natur aus so dunkel

Wenn all dies erledigt ist, lasse man sich vom Schmidt Max bei nächster Gelegenheit auch einmal ein anderes Risotto nach Ferron-Rezept kochen, *Risotto venere* zum Beispiel oder *Risotto alla Pilota*, mache ihn dabei aber nicht mit der Frage nervös, warum man bei italienischer Küche gemeinhin sofort an Pizza und Pasta denke, aber nicht unbedingt sofort an Risotto, obwohl doch Italien der größte Reisproduzent Europas sei – weil es Dinge gibt, die nicht einmal ein Schmidt Max weiß. ◊

Risottokurse in der Reismühle Ferron unter:

⚑ www.risoferron.com

Auf dem Fränkischen
ROTWEIN
WANDERWEG

Die Franken wieder! Die haben sogar einen extra *Rotwein-Wanderweg*! Als ob sie nicht schon genug andere Weinwanderwege hätten – die *WeinkultTour*, den *Weinparadiesweg* und wie sie alle heißen. Dazu noch ihre Bierwanderwege, von denen einer sogar dreizehn Brauereien berührt, deren jede wiederum drei, vier, fünf verschiedene Biere im Angebot hat. Da ist doch eine Woche Dauerrausch vorprogrammiert, inklusive trunkenem Herumirren, denn Wanderkarten kann man in dem Zustand garantiert nicht mehr lesen. Genau deswegen trinkt man sein Bier oder seinen Wein ja auch besser zu Hause oder in der Kneipe um die Ecke. Außerdem am Abend und nicht tagsüber. Wenn der Wein nämlich gut ist, pflegt es nicht bei einem Glas zu bleiben; da trinkt man dann eh gleich die ganze Flasche.

Und gut *ist* er, der fränkische Wein. Auch für den Schmidt Max keine Frage, zumindest was den Weißwein betrifft. Zum Spargel einen fränkischen Silvaner – ein Gedicht. Oder ein fränkischer Riesling zur Forelle – göttlich. Am fränkischen Rotwein jedoch hat er bislang versehentlich vorbeigetrunken, weshalb er der Verlockung des *Rotwein-Wanderwegs* letztlich nicht widerstehen kann. Mit professioneller Begleitung wird schon nichts schiefgehen, zumal sein persönlicher Wein- und Wanderbetreuer kein Geringerer ist als Hermann Mengler, Leiter der Fachberatung für Kellertechnik und Kellerwirtschaft des Bezirks Unterfranken. Der wird ihn hoffentlich beim angesäuselten Wandern nicht nur vor dem Schlimmsten bewahren, sondern ihm auch die fränkische Rotweinwelt öffnen. Außerdem hat der Schmidt Max beschlossen, die Sache leberschonend anzugehen und vorerst nur drei der sechs Etappen mitzunehmen.

Die für ihn erste (nach Tourenplan vierte) Etappe führt von Erlen-
bach nach Klingenberg. Gemächliche vier Kilometer. Aber Weindegus-
tationen und -fachsimpeleien müssen schließlich auch untergebracht
werden. Letztere leitet der Schmidt Max ein, mit der simplen Frage an
den Fachmann, wie Franken und Rotwein zusammengehören. Weil man
ja bei Franken gemeinhin an Weißwein denke. Herr Mengler wird daraufhin poetischer, als es der Schmidt Max einem Diplomingenieur der
Oenologie zugetraut hätte.

»Du musst dir Franken wie einen Zauberschrank vorstellen. Einen
Zauberschrank mit drei Fächern. In diesen Fächern sind die Bodenarten.
Wir haben Keuper – im Steigerwald bei Iphofen –, wir haben um Würz-
burg herum den Muschelkalk. Und hier bei uns haben wir den Buntsandstein, der erwärmt sich rasch und gibt die Wärme ab. Außerdem haben
wir hier, am Westhang des Spessarts, ein maritimes Klima. Die beiden
Komponenten sind ideal für den wärmeliebenden Spätburgunder.«

Zauberschrank heißt ganz offenbar auch: steile Wände. Also Hänge.
Nicht senkrecht hoch wie Schrankwände. Doch stellenweise immerhin

Unten der Fluss, oben die Weinterrassen – der Wanderweg im Mainviereck
ist als einer der schönsten Deutschlands ausgezeichnet worden

Die Markierung gibt eine klare Richtung vor, die knappen 80 Kilometer des Weges kann man sich aber ganz flexibel einteilen

mit Steigungen von 70 bis 75 Prozent. Auch darüber freut sich die Weinrebe. Ebenso freut sich der Weinwanderer über die pittoresken Aussichten auf den Main, die ihm die Steilwände bescheren. Dem Winzer indes bescheren sie hohe Kosten und hohen Arbeitsaufwand, weil am Weinstock von Hand statt mit Maschinen gearbeitet wird und die Steinterrassen instandgehalten werden müssen. Sonst kommt der Hang irgendwann runter.

Die Herren Mengler und Schmidt passieren fachsimpelnd einen massiven Sandsteinfelsen, der zum Klettergarten gestaltet wurde – für alle Rotweinfreunde, die zwischendurch auch gern einmal senkrecht wandern. Und dann sind sie auch schon in Klingenberg, wo bereits im 19. Jahrhundert der Vorläufer des bedingungslosen Grundeinkommens erfunden wurde: Die Tonvorkommen unter dem Buntsandstein machten die Stadt so reich, dass bis 1914 keine Steuern erhoben wurden, sondern Bürgergeld ausgezahlt worden ist.

Heute dagegen gibt es nicht einmal mehr das städtische Weingut. Dennoch kommt der Schmidt Max hier in den Genuss seiner ersten Weinprobe. Betrieben wird das Weingut nämlich weiterhin, seit 2010 allerdings nicht mehr von der Stadt, sondern von Benedikt Baltes, der aus

Das maritime Klima am Westhang des Spessarts und der gut wärme-speichernde Buntsandstein bieten Rotweinreben ideale Bedingungen

einer Winzerfamilie an der Ahr stammt und sich mit einem Chinesen zusammengetan hat, der die begehrten *Made in Germany*-Weine in China vermarktet. Schau an.

Für die Rotweinwanderer bleibt aber auch noch was übrig. Zum Beispiel ein – der Schmidt Max schnuppert – ein, äh – der Schmidt Max probiert – also, ein – »klassischer Spätburgunder, daad i sagen. Oiso a Pinot Noir, praktisch.«

Leider hat Herr Mengler ihm nicht verraten, dass im fränkischen Zauberschrank auch Portugieser gedeiht, und Herr Baltes freut sich, dass er ihn aufs Glatteis geführt hat.

»Vom Portugieser erwartet man nicht so eine Qualität. Aber der ist von einem unserer ältesten Weinberge. Durch das Alter gehen die Beeren zurück. Sie werden kleiner, und dadurch kriegen wir kräftige Portugieser, die an einen Spätburgunder heranreichen.«

»Und wo ist der Weinberg?«

»Gleich da oben, hinterm Haus. Willst einmal schauen? Nimm dein Glas ruhig mit.«

Der Schmidt Max, auf den Geschmack gekommen, nimmt zum Glas auch gleich die Flasche mit, und während er mit Benedikt den

Weinberg besichtigt, mitsamt den Terrassenmauern, von denen ein paar der Instandsetzung bedürfen, erschließt sich ihm, worin die eigentlichen Herausforderungen des *Rotwein-Wanderwegs* liegen. Es sind nicht die gemütlichen Wanderungen zwischen den Stationen, sondern die mühsamen Kraxeleien *an* den Stationen. Beim nächsten Winzer wird er vielleicht lieber nicht nach einer Besichtigung fragen.

Es geht weiter ins zehn Kilometer entfernte Großheubach. Dort wird der Schmidt Max übernachten und außerdem zu Abend speisen. Herr Mengler stimmt ihn schon einmal auf das kulinarische Angebot ein. Schließlich soll sich der Schmidt Max nicht aus Versehen einen Weißwein zum Essen bestellen.

»Es ist ein großer Irrtum, dass Fisch und Rotwein nicht zusammenpassen. Das gilt nur für rohen Fisch, weil der mit dem Eiweiß im Rotwein nicht kann. Aber gebraten, geschmort, mit Tomaten dazu geht es sehr gut. Käse geht meistens mit Weißwein besser zusammen, aber da gibt es Ausnahmen. Hartkäse wie Pecorino oder Parmesan zum Beispiel.«

Auf der Terrasse des *Gasthauses zur Krone* werden dem Schmidt Max Speisen kredenzt, die ihm bislang fremd waren. Eine geschäumte Sauerkraut-Wein-Suppe als erster Gang, danach hausgemachte Hecht-Bratwürste auf Blutwurst-Kartoffelstampf. Sauhund san's scho, die Franken! Man könnte den *Rotwein-Wanderweg* mit Fug und Recht auch »Gourmetwanderweg« nennen. Nach der Zwetschgengrütze mit Waldhonigparfait fühlt der Schmidt Max eine gewisse Bettschwere in sich aufsteigen. Kann einerseits am Wandern liegen, andererseits vielleicht auch daran, dass er die fachmännische Trinkweise des Herrn Mengler noch nicht ganz verinnerlicht hat. Der schluckt den Wein nicht einfach hinunter, sondern bewegt ihn im Mund, lässt Sauerstoff dazukommen, damit der Wein sich entfaltet – langsamer trinken mit doppeltem Genuss.

Für die 15 Kilometer von Großheubach nach Bürgstadt am nächsten Tag haben sich Herr Mengler und sein Schützling Schmidt Max Elektroräder geliehen. Ziel ist das *Weingut Josef Walter* mit seiner Häckerwirtschaft – nicht der Hacker am Computer ist gemeint, sondern der Winzer, der im Weinberg mit der Hacke arbeitet. Zur Winzersülze und den Bratwürsten mit Kraut empfiehlt der dortige Chef einen 2005er-Spätburgunder.

»2005? Gibt's da koan, sag i amoi, frischeren Wein?«

Man merkt, der Schmidt Max denkt noch immer in Weißweinka-tegorien.

»Freilich haben wir auch frischere Weine. Aber die Rotweine zeigen erst nach ein paar Jahren Flaschenreife, was in ihnen steckt.«

»Da geht's um die Tannine im Wein«, erläutert Herr Mengler. »Wenn sie jung sind, schmecken wir sie als bitter. Wenn sie reifen, lagern sie sich zu einer Kette zusammen, und dann empfinden wir den Wein als rund und samtig.«

Schon auf der ersten Etappe der Wanderung hat er dem Schmidt Max übrigens die fränkische Mentalität erklärt, mit den schlichten Wor-ten: »Großzügig im Geben und bescheiden im Nehmen – so sind wir Franken.« Dass Winzer und Kellermeister Christoph Walter nun noch

Nicht das erste und nicht das letzte Glas mit Experte Hermann Mengler in der Häckerwirtschaft des Weingutes von Familie Walter

einen zweiten und dritten Wein kredenzt, einen Spätburgunder Centgrafenberg, im Stückfass ausgebaut, und einen 2004er-Spätburgunder
»J« Centgrafenberg, 24 Monate in Barriques ausgebaut, könnte also auch
mentalitätsbedingt sein.

Die Weinlage Centgrafenberg wiederum ist eine Kategorie für sich. Dort
profitieren die Spätburgunderreben von den Südhang- und Steillagen
im Talkessel um Miltenberg – dort schützt der Odenwald vor kaltem
Wetter – sowie vom hohen Anteil an Buntsandstein-Verwitterungsboden.
Und auch einer der dortigen Winzer, Erhard Helmstetter, zugleich In-
haber des *Vinotels* in Bürgstadt, ist eine Kategorie für sich. Wenn er
schon so viel Handarbeit leisten muss, sagt er sich, so will er sich zumindest einen Teil der Fußarbeit sparen und bereist seine Parzellen mit
dem Motorrad.

   In Helmstetters *Vinotel* lässt der Schmidt Max die Drei-Etappen-
Wanderung ausklingen. Dies im wahrsten Sinn des Wortes – schon wieder klingen nämlich Gläser aneinander.

Wer den Wanderweg mit dem (Elektro-)Rad erkundet, hat mehr Zeit
für seine Highlights, wie zum Beispiel die Altstadt von Miltenberg

Buchtipps
Nicole Dietrich u. Antje Schmelke-Sachs, Weinfranken. Wander-
und Genussführer, ars vivendi verlag 2020

Stefan Bausewein u. Julia Schuller: Die Weinmacher. Ein Jahr
mit den fränkischen Winzern, ars vivendi verlag 2018

»Zum Wohl, Schmidt Max!« – »Zum Wohl allerseits!«

Allerspätestens an diesem Abend lernt der Schmidt Max die Fähigkeiten des Herrn Mengler zu schätzen. Es gibt nämlich, so erfährt er im Lauf der ausgiebigen Degustation von den Herren Helmstetter senior und junior, kaum einen Wein, der bis zum Ende des Jahres nicht durch die Kehle des Experten geglitten wäre.

»Der Hermann ist ein wichtiger Mann für uns, in ganz Franken.«

»Ich würde sagen: der beste Verkoster in Franken!«

Und Wein verkosten kann durchaus in Arbeit ausarten, wie der Schmidt Max auf seinem Ausflug am eigenen Leib erfahren hat … ◇

Fränkischer Rotwein-Wanderweg
79 km auf sechs Etappen verteilt,
von Großwallstadt bis Bürgstadt
↗ Etappendetaills und Einkehrtipps:
www.churfranken.de

Weingut Benedikt Baltes
📍 Wilhelmstraße 107
63911 Klingenberg am Main
↗ www.weingut-benedikt-baltes.de

Gasthaus zur Krone
📍 Miltenberger Straße 1
63920 Großheubach
↗ www.gasthauskrone.de

Weingut Josef Walter
📍 Freudenberger Straße 21 – 23
63927 Bürgstadt
↗ www.weingut-josef-walter.de

Weingut Helmstetter u. Vinotel
📍 Bainweg 1
63927 Bürgstadt
↗ www.main-vinotel.de

EINEN RODEL
selber bauen

Der Schmidt Max spaziert durch den verschneiten Winterwald bei Kreuth am Tegernsee und schwelgt in Erinnerungen. War das schön früher, wenn die Eltern ihn und den Schlitten ins Auto gepackt haben und in die Berge gefahren sind. Gemeinsam mit den Eltern rauf auf den Berg, oben einen Kaiserschmarrn essen und dann in der Abenddämmerung hinunterfahren ... wenn er doch jetzt bloß einen Schlitten hätte!

Holz wäre eigentlich genug vorhanden. Nur leider nicht in Schlittenform. Aber hat er nicht ..? Der Schmidt Max wühlt in seinen Taschen. Ja, er hat. Nämlich das Messer. Dabei. Nun kann er nur noch hoffen, dass der Messergeist Felix (siehe Seite 200) ihm seine saublöden Witze über Toblerone und Emmentaler verziehen oder sie schlichtweg vergessen hat.

»Grüezi, Schmidt Max! Du hast mich gerufen? Ist dir kalt? Soll ich dir ein Lagerfeuer machen?«

Gott sei Dank sieht er kein bisschen grimmig aus.

»Grüß Gott, Herr Messergeist! Naa, koit is mir net. I daad bloß grad so wahnsinnig gern Schlitten fahren! Moanst, du kannst da was macha?«

Für einen Schweizer Präzisionsmessergeist ist dies eine der leichtesten Übungen, wie sich rasch zeigt. Er muss – simsalabim – zunächst einmal nur sieben kleine Christbäume aus den menschlichen Behausungen an ihren ursprünglichen Ort zurückbringen.

»Das Coole an den Tannenbäumen ist nämlich: die sind noch lange superflexibel«, erklärt er dem staunenden Schmidt Max. »Wir können das Holz also ganz prima zu Kufen biegen.«

»Selber baut und selber baut is net desselbe« – für den Rodel vom Profi wurden höchstwahrscheinlich keine Christbäume recycelt

Das Zurechtsägen der Stütz- und Querhölzer nimmt er dem Schmidt Max aber nicht vollständig ab, sei es aus Fürsorge, damit der Schmidt Max nicht friert im kalten Winterwald, sei es, dass er sich doch noch für die Scherze über die Schweizer Nationalheiligtümer ein wenig rächen will. Dennoch, nach einer Stunde betreuter Bastelarbeit sitzt der Schmidt Max mit seligem Lächeln auf seinem ganz individuellen Schlitten, rutscht bergabwärts und ruft wie als kleiner Bub: »Aus der Bahn – Kartoffelschmarrn!«

Sein kindliches Glücksgefühl währt leider nur so lange, bis ihn einer mit »hui!« überholt. Ja, Kunststück! Mit so einem Fabrikschlitten! Andererseits: Vielleicht hätte der Messergeist die Kufen noch ein wenig glatthobeln oder gar für Metallkanten sorgen sollen. Aber das übersteigt offenbar seine Möglichkeiten.

Am Ende der Rodelbahn trifft man sich wieder.

»Damit des klar is: Meiner is fei selberbaut!«

»Meiner aa!«, gibt sein Kontrahent zurück.

»Deiner aa? Ja, aber – der schaugt doch aus wie a gekaufter! Hast du vielleicht in deim Taschenmesser an bessern Messergeist?«

Der Rodler schaut reichlich verdutzt drein.

In der Werkstatt am Tegernsee kommt nur Eschenholz von den regionalen
Waldbauern zum Einsatz

»An *wos* hob i?«

»Ah, nix. Haha! I moan, du hast bestimmt so a kloane Werkstatt im
Keller? An Hobbyraum, quasi?«

Weit gefehlt. Eine halbe Stunde später besichtigt der Schmidt Max die
Werkstatt des jungen Herrn namens Marcus, mitsamt der respektablen
Schlittenauswahl in den unterschiedlichsten Variationen, und ihm wird
klar, dass er an eine Rodelkoryphäe geraten ist. Man könnte sagen:
Wären Schlitten Violinen, so wäre Marcus Stradivari und Paganini in
Personalunion – eine Urkunde an der Wand weist ihn nämlich als Sieger im Naturbahnrodelweltcup 2003 / 04 aus. Ein wahrhaft Besessener
scheint er obendrein zu sein, denn jetzt krempelt er die Ärmel hoch und
sagt: »Schmidt Max, etzad bauma dir was Gscheits! I moan, mit deim
Christbaumschlitten kannst a bisserl die Landschaft genießen, aber da
bist z'Fuaß oiwei no schneller unterwegs. Oiso, packmas!«

Um es zu packen, bedienen sie sich zunächst des ebenso legendären
wie betagten Schmidt-Max-Opels, der die Fahrt über verschneite Feld-
wege zum Holzlager mindestens ebenso gut bewältigt wie die jugend-
liche Konkurrenz, immer vorausgesetzt natürlich, dass er vom Teufels-

kerl Schmidt Max gelenkt wird, der nicht einmal den Messergeist persönlich ans Steuer lassen würde.

Im Lager hat Marcus Holzvorräte für mehrere Jahre angesammelt, ausschließlich Eschenholz, das ihm die Waldbauern aus der Gegend in Bretterform anliefern. Buchenholz wäre zwar ebenfalls gut, sagt er, aber Esche ist eben auch aus optischen Gründen sein Favorit – so ein Schlitten soll schließlich auch was fürs Auge sein.

»Oder willst du deinen Schlitten eh farbig haben?«

»Naa, scho lieber naturfarben.«

»Dann darfst dir jetzt dein Holz aussuchen.«

Das helle Holz, das sich der Schmidt Max aussucht, ist für Marcus ein dunkles Kernholz – das geschulte Schreinerauge sieht die Farben des Holzes eben ein wenig anders. Differenzierter.

Der Kadett bringt sie mitsamt dem Holz, einmal dunkel, dreimal hell, wieder zur Werkstatt zurück.

Dann geht's los: Die Eschenlatten hobeln und zu dünnen Leisten schneiden. Je dünner, umso besser lassen sie sich in die gewünschte

Rodelrundumbetreuung: Marcus Grausam ist nicht nur Schreiner, sondern auch Weltcup-Sieger im Naturbahnrodeln

Es fehlen zwar noch die Kufen, aber dass das eine Rakete wird,
sieht man schon jetzt

Form biegen. Dann verleimen – die dunklen in der Mitte, die hellen
außen, und für zwei Stunden in die Verleimpresse einspannen.

Zeit für den Schmidt Max, dem Marcus neugierige Fragen zu stellen – seit wann er und wie und warum und überhaupt.

»Mei, angfangen hat's in der sechsten Klasse, im Schulsport. Da
sammer auf die Königsalm hoch, auf die Naturrodelbahn …«

»Da hat's dich packt?«

»Seitdem bin i in Kreuth im Rodelclub.«

»Und dein allerersten Rodel? Hast den aa scho mit Esche oda …«

»Den hab i aus Haselnuss baut, des lasst si leichter biegen.«

Christbaumholz lässt sich ebenfalls ganz hervorragend biegen, würde der Schmidt Max an dieser Stelle gern fachmännisch einwerfen. Aber
dann würde der Marcus wahrscheinlich erwidern: »Scho richtig, aber
mit Tanne rodelst vui langsamer, haha!«

Weiter geht's. Für einen fertigen Rodel braucht's noch einiges:
Sitzböcke mit Gummilagern, Holme, Polster, Sitzdecke mit Seil, Schienen …

»Kriagt ma ois bei www.rodelbauer24.de, oder?«

»Bau i ois selber!«

Allmählich kriegt der Schmidt Max vor ihm noch mehr Respekt als vorm Messergeist, und am liebsten würde er jetzt ausprobieren, ob man den Marcus anfassen kann, oder ob man durch ihn hindurchgreift ... aber er muss jetzt beim Sägen und Schrauben mit anpacken, damit die Holme und Sitzböcke fertig werden.

Schließlich ist es so weit, dass der Marcus ihn fragt: »In welcher Farb möchst denn die Sitzdecke haben?«

»Da, wo i drauf sitz? Die Plane? Des kann i mir aussucha?«

»Freili. Sag was.«

»Kannst du aa Racing Green?«

»Racing Green?«

»Genau des Grün vo meim Opel, quasi.«

»Ah so. Verstehe.«

Herzlich gelacht hätte der Marcus wahrscheinlich dann, wenn es sich um Tannengrün gehandelt hätte.

Fehlen zum Abschluss nur noch die Edelstahllaufschienen sowie der Lenkriemen, und vor dem Schmidt Max steht sein Kindheitstraum

Ob Mensch, Auto oder Rodel: Opa-Opel-Racing-Green ist zweifellos die schnellste Farbe der Welt

Von der Werkstatt direkt ins Geschehen – die Naturrodelbahn am Wallberg
ist auch für geübte Rodler eine echte Herausforderung

Marcus Grausams Pflegetipp für rostige Kufen:
Rost mit 180er-Schleifpapier wegschleifen und die Kufen
mit Skiwachs einwachseln – dadurch wird der Rodel schneller
und rostet anschließend auch nicht mehr so schnell.

von einem Schlitten, den er nie zu träumen wagte. Die passende Rodelbahn auf dem Wallberg hat der Marcus praktisch direkt vor der Haus-
tür. Mit sechseinhalb Kilometern eine der längsten Deutschlands. Nur
noch eine kurze Einweisung trennt den Schmidt Max vom Rodelglück.

»In der Rechtskurve drückst mit dem linken Fuaß, oiso mit dem
Außenfuaß gegen die Außenkufe. Mit dem Innenfuaß bleibst locker. Mit
der Hand kannst nach innen greifen. Und linksrum umgekehrt.«

Marcus trägt Helm. Der Schmidt Max trägt Mütze. Also muss er
vorsichtig rodeln. Auch die Kurventechnik will geübt sein. Trotzdem belegt er im Duorennen einen ehrenvollen zweiten Platz, während Marcus
nur Vorletzter wird. Das begießen sie mit einer Halben. Und der Schmidt
Max träumt davon, dass sein Racing-Green-Schlitten für seinen Enkel
dereinst dasselbe wird, wie es für ihn der Racing-Green-Kadett vom
Großvater ist. ◇

GL-Rodelbau, Marcus Grausam
In der Haslpoint 11
83708 Kreuth
www.gl-rodel.de

Ein Gourmetmenü
VOM LAGERFEUER

Es war durchaus nicht so, dass es dem Rainer beim *Huber* (siehe Seite 166) nicht gemundet hätte. Ganz im Gegenteil. Aber anderseits, hat er behauptet, sei es natürlich »koi Kunscht«, solche Menüs in einer perfekt ausgestatteten Restaurantküche zuzubereiten. Wahre Kochkunst hingegen beherrsche nur der, den man zum Kochen auch in die freie Wildbahn schicken könne – jemand wie Susanne zum Beispiel, eine gute Bekannte von ihm und versierte Wildnisköchin.

Dass die Schwammerl vom Rainer, frisch zubereitet, auch ganz hervorragend waren, musste der Schmidt Max zugeben. »Aber recht vui mehra werd da draußen net geh!«

Eine gewisse Grundausstattung, so Rainer, müsse man sich natürlich mitnehmen. Auf jeden Fall sei er, der Schmidt Max, hiermit zu einem Lagerfeuermenü eingeladen. »Du wirst es ganz hervorragend finden, da wett i drauf!«

Wette muss nicht unbedingt sein, hat der Schmidt Max erwidert, auch wenn es der Rainer vielleicht gar nicht so ernst gemeint hat, aber neugierig wäre er schon. Und außerdem, für eine zünftige Brotzeit, für die er keinen Finger krumm machen muss, ist er immer zu haben.

Der Plan, der daraufhin geschmiedet wurde, sah so aus: Der Schmidt Max solle schon am Vorabend des Lagerfeuermenüs in eben jenem Wäldchen, wo sie schon in den Schwammerl waren, auf der Lichtung am Fluss kampieren, anderntags mit einem richtigen Frühstückshunger aufwachen, und alles Weitere würde er, Rainer, dann mit Susanne erledigen.

Ja, und jetzt ist es so weit. Fast so weit. Der Schmidt Max hat sein Zelt aufgeschlagen, hat sein Feierabendbier getrunken, liegt im Schlaf-

sack, lauscht dem Fluss und hat eigentlich jetzt schon Hunger. Wenn er
was Gescheites gelernt hätte, würde er jetzt noch einmal aufstehen,
schnell ein Reh erlegen, zu Gulasch mit Spätzle und Blaukraut verarbeiten, essen und sich wieder hinlegen. Dummerweise hat er aber bloß
Schmidt Max gelernt und sonst nix. Kann er zwar ganz gut, hilft ihm
aber nicht immer. Unermüdlich rauscht der Fluss in seine Gedanken
und befördert ihn schließlich doch in den Schlaf. Nicht in irgendeinen
dahergelaufenen Schlaf natürlich, sondern in einen Schmidt-Max-Schlaf
mit Träumen, die direkt aus dem leeren Magen kommen, Träumen von
Flussgeistern, Trollen und vor allem Waldfeen, die ihm die edelsten
Walddelikatessen versprechen, angefangen bei einem Waldfrühschop-
pen mit Waldmeisterbier und Weißwürsten.

Und da schaut auch schon die Oberwaldfee persönlich ins Zelt
hinein.

»Schmidt Max, Zeit fürs Frühstück! Was darf's denn sein?«

»Guten Morgen, Frau Waldfee. I daad sagen, zerscht a Waldmeisterbier – äh, i moan ...«

Susanne Fischer-Rizzi hat auf der ganzen Welt Rezepte gesammelt,
die sich besonders gut am Lagerfeuer zubereiten lassen

»Nix Waldfee. I bin die Susanne. Und der Rainer isch au scho da. Kaffee?«

Der Schmidt Max krabbelt aus seinem Zelt.

»Ja, Kaffee. – Herrgott, hab i an Schmarrn zammdraamt ...«

»Beilage zum Kaffee gefällig?«

»Wenn's eh scho amoi brennt, des Feuer – kannt i dann vielleicht a Spiegelei ... eventuell, wenn's koan Umstand macht?«

Es macht nur geringe Umstände, weil weder Susanne noch Rainer im Sinn haben, Vogelnester zu plündern, sondern den Eivorrat mit sich führen. Das Rezept geht so: Brotscheibe in der Mitte aushöhlen, auf den heißen Stein legen, Ei reinschlagen, derweil nach Wildkräutern suchen, Thymian oder Majoran, dieselben drüberstreuen, fertig. Und der Kaffee? Gut, der Kaffee hat weder einen Melittafilter noch eine Bodumkanne

> **Buchtipp**
> Susanne Fischer-Rizzi, Wilde Küche. Das grosse Buch
> vom Kochen am offenen Feuer, AT Verlag 2010

gesehen, sondern entspricht eher dem, was man sich in Tschechien irrtümlich unter einem türkischen Kaffee vorstellt – ist dafür aber echter Erlebniskaffee und nix, was auf Knopfdruck aus einem Hightech-Apparat strömt, hinter dessen funkelndem Außenleben sich oftmals ein schimmliges Innenleben verbirgt.

Solchermaßen gestärkt, kann sich der Schmidt Max als Nächstes der weiteren Mahlzeitplanung widmen. Macht er zwar sonst nie so bald nach dem Frühstück, aber hier geht man ja nicht einfach zum Kühlschrank oder Supermarkt, sondern muss ein bisschen Zeit einplanen, um, zum Beispiel, ein Schnitzel zu jagen. Das schwebt ihm nämlich zum Mittagessen vor: Ein zünftiges paniertes Schnitzel aus freier Wildbahn, nach alter Väter Sitte von schneidigen Mannsbildern à la Schmidt Max erlegt, während die anmutige Dame das Feuer hütet und sich dabei mit selbst gebastelten Holzkohlekajalstiften schminkt.

Na ja – ganz so ist es nicht. Nachdem sie eine Weile den Wald durchstreift haben, deutet Rainer auf einen Pilz inmitten einer Wiese.

Was steht da still im Walde und wartet auf seine Panier – es ist ein Parasol
dies, der riesenschirmlingt hier

»Da isch er ja! Des gibt unser Mittagessen. Kennsch den?«

»Äh, ja, natürlich, oiso, des is a – oiso, i moan, a Wiesenchampignon
is des scho amal – nicht, sondern – mir liegt's auf der Zunge – ein ...«

»Ganz genau, des isch der Parasol, auch ›Riesenschirmling‹ genannt.
Da siehst du den Ring am Stiel, den kann man verschieben, des hoißt,
ganz einwandfrei ein Parasol.«

Auch einen Safranschirmling finden sie noch – sowie einen roten
Hautkopf, schön anzuschauen, aber giftig. Ein *devil in disguise*, quasi,
nicht unüblich bei Pilzen. Zurück kommen sie mit erweiterten Kenntnissen, einigen Pilzen und keinem Schnitzel.

»Macht gar nix, dass ihr keine freilaufenden Schnitzel gefunden
habt«, meint Susanne und schnappt sich den Parasol. »Da draus kann
i dir au a Schnitzel macha! Und Brot gibt's au dazu!«

»Brot?« Der Schmidt Max kommt aus dem Staunen nicht raus. Für
Brot braucht's bekanntlich mindestens einen Backofen, und hier ist weit
und breit keiner in Sicht. Doch Wildnisbrot, klärt Susanne ihn auf, Wildnisbrot müsse man sich zwar in der Teigmischung weitgehend identisch

In die Serviettenknödel kommt unter anderem frische Brunnenkresse
vom nahe gelegenen Bachufer

mit herkömmlichem Brot vorstellen, also Mehl, Hefe, Wasser, Zucker,
Salz plus Brennnesselsamen als Gewürz, aber von der Zubereitung her
eher gekocht wie einen Knödel.

»Der Laib kommt in ein Tuch hinein, und dann kochen wir ihn eine
Dreiviertelstunde. Dafür müsstest du uns nur noch einen Ast zurecht-
schneiden, Schmidt Max, am besten von einem Haselnussstrauch vielleicht, der im Topfboden als eine Art Rost fungiert, wo man den Teig
drauflegt – verstehst?«

Freilich versteht er, sonst wäre er ja nicht der Schmidt Max. Zieht
also los und denkt sich nur, dass es in seiner Traumvision, die ihm schon
wieder Jahrzehnte entfernt vorkommt, noch ganz anders ausgesehen
hat. Da haben ihm die Waldfeen Waldleberkässemmeln serviert, ohne
dass er eine Leber jagen oder Käse züchten musste.

Während mithilfe seiner zurechtgeschnittenen Äste das Brot gart,
widmet sich der Schmidt Max den weiteren großen Fragen der Natur-
brotzeitzubereitung.

»Was brauch i denn für a Grundausstattung, wann i in Woid geh und mir was zum Essen macha wui?«

Die Antwort überrascht ihn nicht wenig. Mehl und Salz täten schon reichen, stimmen Susanne und Rainer überein, und wenn man sich dann noch ein wenig mit Wildkräutern auskenne, könne man schon sehr abwechslungsreich speisen. Dazu müsse man natürlich noch ein paar Tricks beherrschen. Als Raucher sei man fein raus, da habe man ja immer ein Feuerzeug einstecken. Als Nichtraucher hingegen sollte man stets Kaugummi bei sich haben und außerdem eine Ersatzbatterie für die Taschenlampe, um mittels Kurzschluss, ausgelöst durch das Kaugummistanniol zwischen Plus- und Minuspol, ein Feuer zu entfachen. Geht leider nur ein Mal, danach ist die Batterie hinüber.

Das Schnitzel, wiewohl weder aus Kalb noch Schwein, sondern aus Parasol, erweist sich als delikat, und der Schmidt Max muss zugeben, mit solch anspruchsvoller Küche hatte er nicht gerechnet. Mit »nur Küche« allerdings auch nicht. Statt einer gemütlichen Siesta in der

Hirschragout mit Serviettenknödel und Wildbeerenmus – die Krönung des herbstlichen Lagerfeuermenüs

Hängematte steht die Vorbereitung des Abendessens mitsamt Herbei-
schaffung von Brennholznachschub an.

Für das geplante Hirschragout wird indes nicht das Delikt »Wilde-
rei« begangen. Es ist durchaus erlaubt, ganz nach Belieben mehr als nur
Mehl und Salz von zu Hause mitzubringen. Zum Beispiel auch Öl, Zwie-
beln, Knoblauch, Rahm, Rotwein und das Fleisch natürlich, denn es geht
nicht um Survivalküche, sondern um Kochkunst am Lagerfeuer. Die
mitgebrachten Preiselbeeren jedoch sind ein Geschenk des Waldes und
sind eigentlich gar keine Preiselbeeren, sondern ein süß-herbes Mousse
aus frisch gesammelten Schlehenbeeren, Berberitzen, Holunderbeeren
und Brombeeren.

»Ist doch viel schöner als Grillen, findest nicht auch, Schmidt Max?
Beim Grillen steht immer einer am Grill, und die anderen haben nichts
zu tun. Hier am offenen Feuer haben wir einen Kreis, jeder kann mitmachen, man redet miteinander, man hat Zeit. Und das Schöne ist, wir

Dessertteller ganz neu gedacht: aus Angelica-Stängeln geschnitzte
Schiffchen mit der Nachspeise

können uns in der Natur zu Hause fühlen, weil da, wo man kocht und isst, da ist man zu Hause.«

Der Schmidt Max, mit vollem Mund, kann nur zustimmend nicken. Auf diese Art wird er seinen nächsten Geburtstag feiern. Oder vielleicht sogar alle weiteren Geburtstage seines Lebens. Und damit nichts schiefgeht, wird er auch die beiden Lagerfeuerkulinarikexperten auf die Gästeliste setzen. ◇

Arven-Schule für Heilpflanzenkunde, Aromatherapie Susanne Fischer-Rizzi
 Haberreuthe 1
   87477 Sulzberg
 www.susanne-fischer-rizzi-de

Wildnisschule Rainer Schall
 www.outdoorworkshop.de

Einmal Held sein beim HISTORISCHEN BOBRENNEN

Der Schmidt Max liebt Eis. Also zum Beispiel so einen Pfirsich Melba oder ein Vanilleeis mit heißen Himbeeren würde er niemals verschmähen. Oder einen Apfelstrudel mit Vanilleeis. Zum Eis auf Bobabfahrtsbahnen jedoch hat er ein weniger sympathiegetragenes Verhältnis. Vor allem dann, wenn sich dieses Eis, so wie jetzt, unter den Kufen eines Bobs befindet, in dem er selber drinsitzt, und wenn dieser Bob mit einem irrwitzigen Tempo durch Kurven saust, die schon manchem Kopf und Kragen gekostet haben. Schmidt Max, worauf hast du dich da bloß eingelassen?, ist alles, was er denken kann, während ihm auf dem ungefederten Sitz das Kreuz kaputtgeschlagen wird. Moment – was heißt da *eingelassen*? Überrumpelt haben ihn diese Lumpen, ein Komplott gegen ihn geschmiedet!

Aber der Reihe nach.

Begonnen hat die Höllenfahrt mit einem harmlosen Waldspaziergang oberhalb vom Riessersee bei Garmisch-Partenkirchen. Dort hat der Schmidt Max eine Bobbahn entdeckt. Kurze Zeit später einen Herrn, der trotz der zahlreichen *Betreten-verboten!*-Schilder auf der Bahn unterwegs war, offenbar, um dieselbe zu inspizieren. In diesem Moment hätte der Schmidt Max eigentlich sofort das Weite suchen müssen, aber leider weiß man solche Dinge immer erst hinterher. Er hat also stattdessen höflich gegrüßt und ist mit dem Herrn, der sich als Rolf Lehmann, Vorsitzender der Bobabteilung des *SC Riessersee* vorgestellt hat, ins Gespräch gekommen. Ob er, der Schmidt Max, sich die Bahn einmal näher anschauen wolle?

Es handele sich um eben jene Bahn, hat der Schmidt Max beim gemeinsamen Inspektionsgang erfahren, auf der die Bobrennen bei den Olympischen Spielen 1936 ausgetragen wurden. Bis heute einzige Olympiabahn in Deutschland! Angelegt wurde sie 1910. Ein Riesenaufwand damals! Aus dem Riessersee wurden 300 Tonnen Eis gebrochen und mit Pferdeschlitten auf 920 Meter Höhe transportiert. Allein für die großen Kurven mussten in Handarbeit 15 000 Eisblöcke zurechtgeschnitten werden, 50 Männer haben Tag und Nacht gearbeitet. Nach dem Krieg fanden wieder Bobrennen statt, bis die Bahn 1966 stillgelegt wurde. Ab 2008 hat man begonnen, sie fürs hundertjährige Jubiläum wiederzubeleben, und seither wird alljährlich ein Nostalgierennen gefahren.

Dann hat der Lehmann Rolf den Schmidt Max scharf ins Auge gefasst und gesagt: »Am Sonntag ist Rennen. So wie du ausschaugst, fahrst doch mit, oda?«

»I bin doch net wahnsinnig.«

Zum 100-Jahre-Jubiläum wurde die Bahn unter großem Aufwand instandgesetzt, um das alljährliche Rennen wiederzubeleben

»Wenn du mitfahren mechst, dann brauchst koan eigenen Bob! Den kriagst vo uns! Und wenn du zwoa unfallfreie Fahrten mitgmacht hast, dann bist schon qualifiziert fürs Hauptrennen. Morgen ist Qualifikation!«

Dies wäre die zweite Möglichkeit gewesen, sich zu verabschieden und die Bahn nie wieder aufzusuchen. Aber der Schmidt Max, neugierig wie er ist, hat sich gedacht, zuschauen kann man ja einmal. Außerdem kann er sich vielleicht beim Beseitigen der Leichenberge nützlich machen.

Anderntags lernt er zwei weitere Bobenthusiasten kennen, den Sepp und den Alex.

»Du bist also der Schmidt Max? Schee, dassdi traust! Bist scho amoi Bob gfahrn?«

»Naa, oiso – net so direkt. Aber i woit ja eh bloß amoi schaung ...«

»... wie des funktioniert. Dann setzma uns glei amoi nei in Bob, mir zwoa vorn, du hinten. Du bist der Bremser!«

Die exotische Jackenfarbe mag vielleicht an jamaikanische Boblegenden erinnern, aber »cool« rennt beim Bremserkandidatn nix mehr

Da spinnt nicht nur der Beppi (alias Sepp), auch Alex und ein gewisser
Schmidt Max sind Teil des Himmelfahrtskommandos

»Ah, da gibt's aa a Brems? Des hoaßt, ma muaß garnet so schnell
obifahrn … wenn's waar, kannt i ja bremsen …«

»Du kannst bremsen, wenn's waar, aber des muaßt dir merka: Wer
bremst, verliert! Wemma unten san am Ziel und die Leit jubeln – dann
fangst es Bremsen an. – So, und etzat schauma uns die gfahrlichen Stellen an. Die Stellen, wo ma halt drauf achten muss, dass ma si richtig
neilegt in die Kurven, dass an net derbreselt.«

Dem Schmidt Max ist immer sonderbarer zumute geworden. Hat
dieser Lehmann ihn gestern einfach angemeldet? Bloß weil er angeblich
so ausschaut, als ob er mitfahren würde? Noch mehr als sonderbar wird
ihm zumute, als er mit den beiden Herren die berüchtigte Bayernkurve
besichtigt. »Jahrzehntelang gefürchtet von allen Bobfahrern!«, lauten
die enthusiastisch geäußerten Superlative, »spektakulär«, »mordsenger
Radius für die hohen Geschwindigkeiten«, doch werden sie konterkariert
von einem Marterl am Kurvenrand, auf dem vier Todesfälle in eben
jener Kurve verzeichnet sind. Als letzter Felix Endrich im Jahr 1953, der
sich hier vor den Augen seiner Frau derhutzt hat. Genickbruch.

Fürs Rennen werden alte Bobs rekonstruiert – es warten 900 Meter
und sieben Kurven, darunter die berüchtigte »Bayernkurve«

Nachdem die beiden Bobhelden ihre makabren Bahn-Anekdoten an den Mann gebracht hatten, haben sie dem Schmidt Max versichert, dass sie ihm ganz gewiss keine Angst machen wollten. Der Schmidt Max wiederum hat ihnen versichert, dass er ganz gewiss nicht vorhabe, morgen bereits auf dem Friedhof zu liegen oder den Rest seines Lebens zuerst auf der Intensivstation und anschließend im Rollstuhl zu verbringen.

Sepp und Alex haben sich daraufhin einen anderen Bremser für ihre Qualifikationsfahrten rekrutiert, und der Schmidt Max ist an der Bahn entlangspaziert und hat zugesehen, wie es so manche Teams aus den Kurven trägt. Dasjenige vom Bürgermeister von Großweil gleich in beiden Läufen. Gute Idee, es so zu machen – damit erspart man sich, das Hauptrennen mitfahren zu müssen.

Dann ist der Schmidt Max mit einem prominenten Zuschauer ins Gespräch gekommen: Peter Utzschneider, vierfacher Weltmeister, Europameister, Olympiasieger. Ob man als Bremser irgendwas falsch machen könne, fragt er ihn.

»Ja. Bremsen.«

»Bremsen is foisch?«

»Da bei uns brauchst di net schama, wennst amoi kurz ooziagst, damit's net zu schnell wird. Weil mir da versuchen, dass ma an Spaß hat und a Freid an der ganzen Sach. Des soi ja mehr a Präsentation sei vom oidn Bobfahrn.«

So ganz klar definiert fand der Schmidt Max die Rolle des Bremsers im Bobsport zwar immer noch nicht, doch klar war ihm: Würde er jemals als Bremser in einem Bob sitzen, so würde er die Bobbahn kurzerhand zur verkehrsberuhigten Zone erklären und das Teufelsgefährt auf Schritttempo herunterbremsen.

Am nächsten Tag das Rennen. Der Schmidt Max ist unbesorgt hingegangen. Erstens hatte er sich ja erfolgreich vor den Qualifikationsdurchgängen gedrückt. Und zweitens hatte das Sepp-Alex-Team seinen dritten Mann gefunden. Aber wo ist er jetzt?

»Der liegt mit an Fetzenkatarrh im Bett.«

»Ja, dann ... dann wird des wohl nix heut mit euerm Rennen. Da habt's ja noamoi Glück ghabt ...«

»… dass du kemma bist, Schmidt Max! Grad rechtzeitig! Mir san scho droo – auf geht's!«

Einige Augenblicke später sitzt der überrumpelte Schmidt Max auf dem Bremserplatz. Vor ihm Sepp, Alex sowie neunhundert Meter und sieben Kurven. Schon nach der ersten Kurve hat der Schmidt Max das Gefühl, dass es ihm die Wirbelsäule zerlegt. Was heißt *zerlegt*? Zu Knochenmehl zerbröselt. In der zweiten Kurve übermannt ihn die Vision, dass diese Höllenfahrt entweder niemals enden wird – oder spätestens in der nächsten Kurve, der Todeskurve. Er schließt die Augen. Fahren sie noch oder fliegen sie schon? Er hört Schreie. Mutmaßlich die Schmerzensschreie seiner Kollegen. Und seine eigenen. Er öffnet die Augen. Nein. Die Zuschauer. Der Zieljubel. Zieljubel! Bremsen! Der Schmidt Max bremst, wie er noch nie im Leben gebremst hat. Mühsam steigt er aus dem Bob. Wird er jemals wieder gehen können?

»Na, Schmidt Max? Hat doch Spaß gmacht, oda?«

»War doch schee!«

»Des geht ab!«

So sehen Sieger aus … aber halt, da fehlt doch … richtig:
das Siegertreppchen

»Net derbreselt wern is ois« – oder wie war das noch einmal mit dem olympischen Gedanken?

»Ein echter Held bist, Schmidt Max!«

Schade nur, dass das Bobheldentum offenbar mit ganz sakrischen Kreuzschmerzen erkauft werden muss. Auf jeden Fall wird er sich jetzt zur Belohnung für sein Heldentum etwas gönnen. Einen Pfirsich Melba vielleicht. Oder ein Vanilleeis mit heißen Himbeeren. ◇

**Olympia-Bobbahn am Riessersee,
Bobmuseum und historische Bobwochen**
⚑ Infos über den Verein: www.scr-bob.de

Die ewige Ruhe im
SELBST GEBAUTEN SARG

Ein Leben ohne Schmidt Max kann man sich nur schwer vorstellen. Noch schwieriger, nahezu unmöglich wird es, wenn der Schmidt Max selbst versucht, sich ein Leben ohne Schmidt Max vorzustellen. Von jedem anderen Menschen kann man Abschied nehmen, so schmerzhaft der letzte Abschied auch sein mag. Der Abschied von sich selber hingegen ist eine ganz andere Kategorie. Allein schon, weil man nicht weiß: Wird es der schmerzhafteste Abschied von allen? Oder wird man sich am Ende gar darüber freuen, sich selber loszuwerden? Ähnlich wie beim Einschlafen? Da freut man sich ja auch darauf, dass man eine Weile Ruhe von sich hat. Aber eben *eine Weile*, wohlgemerkt. Mit der Aussicht darauf, dass man sich am nächsten Tag respektive am Ende der Siesta wieder hat, in frischerem Zustand als vorher. Wenn man sich selbst dagegen nicht nur für eine Weile, sondern ganz und gar und für immer und ewig losgeworden ist – bleibt dann eigentlich noch jemand oder etwas übrig? Und wenn ja – wer? Oder was?

Derlei Gedanken können auch einen Schmidt Max umtreiben. Hilfreich ist oftmals, Gedanken in konstruktive Aktivitäten umzusetzen. Was aber tut man in diesem Fall am besten? Der Schmidt Max muss wieder einmal Fachleute aufsuchen, die ihm – und nicht nur ihm – helfen, sich der eigenen Endlichkeit zu stellen.

Eines Herbstabends findet er sich daher in einem fränkischen Gasthaus wieder, in der *Gastwirtschaft Dollinger* in Segringen bei Dinkelsbühl, um genau zu sein. Eigentlich ein symbolträchtiger Treffpunkt,

Sollte das »ewig« in »Ewigkeit« ernst gemeint sein, wär's schon nicht blöd, wenn man gut liegt

findet der Schmidt Max, ist man doch in der Welt wie im Wirtshaus nur ein vorübergehender Gast, der irgendwann Abschied nehmen und nach Hause gehen muss, was aber wiederum bedeuten würde, dass man sich das Zuhausesein im Leben alias Wirtshaus nur einbildet, während man wirklich zu Hause nur im Tod ist ...

Wie dem auch sei – hier trifft er mit Pfarrer Günter Kusch sowie zwei weiteren Herren zusammen, seinen Mitseminaristen Helge Peter und Holger Stenkamp. Pfarrer Kusch ist Referent für Männerarbeit der Evangelisch-lutherischen Kirche in Bayern und hat das Seminar *Ewig Leben* ins, nun ja, Leben gerufen, das gemütlich mit Bier und Schlachtschüssel beginnt, was den unbefangenen Gedankenaustausch fördert, aber im weiteren Verlauf auch das eigenhändige Bauen eines Sarges beinhaltet.

Den mangelnden Austausch über das Thema beklagt Pfarrer Kusch als grundlegendes Problem. Jeder möchte bloß so lang wie möglich leben und vom Tod nichts wissen, stellt er oft fest, wenn er anlässlich einer anstehenden Beerdigung einen Hausbesuch macht. Bei Holger zeigt sich, dass er das Seminar gar nicht so sehr nötig hätte – er hat seine Existenz als Caféinhaber aufgegeben und sich eine neue als Bestatter aufgebaut, und vielleicht, denkt der Schmidt Max, ist ja dies schon eine

Art von Tod inklusive Wiedergeburt mitten im Leben: Nicht nur der neugewählte Beruf selbst, sondern auch, die bisherige Daseinsform radikal aufzugeben und in eine neue einzusteigen, die mit dem, was vorher war, nicht mehr viel zu tun hat. Helge schließlich, der Senior der Runde, sagt schlicht, er arbeite gern mit Holz, und ihn habe das Morbide an der Sache – eben einen Sarg bauen – angesprochen. Ja, und dann eben der Schmidt Max selbst, der es sich zum Lebensprinzip gemacht hat, keinem Thema aus dem Weg zu gehen. Und auch: Nichts im Leben auf die lange Bank zu schieben, damit der letzte Abschied nicht zur großen Aufarbeitung wird.

Pfarrer Kuschs Devise für den ersten Abend ist: »Erst gut essen, und dann mitten hinein ins Thema.« Es liegt – in Gestalt des Segringer Friedhofs – auch gleich nebenan, der Fußweg dorthin dauert kaum länger als der Psalm, den Herr Kusch vorliest: »Unser Leben währet siebzig Jahre, und wenn's hoch kommt, so sind's achtzig Jahre. Es fährt schnell dahin, als flögen wir davon. Lehre uns bedenken, dass wir sterben müssen, damit wir klug werden.«

Mit Bestatter Holger, Pfarrer Kusch und Seminarkollege Helge in der Dinkelsbühler Sargfabrik von Alexander Wendel

Friedhöfe sind zweifelsohne besondere Orte. Der Segringer Friedhof wiederum ist ein besonders besonderer Friedhof, dessen Besonderheit darin besteht, dass niemand dort ein besonderes Grabmal hat; seit 1840 gibt es nur noch einheitliche Grabkreuze.

»Hier muss keiner überlegen, welches Grabmal er auf sein Grab stellt«, erklärt Gemeindepfarrer Roth, der seit dreizehn Jahren hier wohnt. »Die Einheitlichkeit zeigt, dass wir vor Gott alle gleich viel wert sind, dass keiner reicher oder ärmer ist.«

Auffällig ist, dass jedes Kreuz nur das Sterbedatum trägt, nicht aber das Geburtsdatum. Auch damit hat es eine Bewandtnis.

»Es wird ausgerechnet, wie alt die Person am Todestag war. Hier zum Beispiel: 89 Jahre, 30 Tage. Der Gedanke dahinter: Jeder Tag zählt vor Gott, nicht nur jedes Jahr.«

Völlig einheitlich sind die Grabkreuze natürlich nicht, ein jedes trägt einen eigenen Beerdigungsspruch, und diese Inschriften sollen sich die *Ewig-Leben*-Seminaristen nun, mit einem Grablicht in der Hand über den Friedhof wandelnd, eine Viertelstunde lang genauer ansehen.

Vor Gott sind alle gleich, für ihn zählt jeder Tag – das Konzept des Segringer Friedhofs entfaltet auch bei Nacht seinen Charme

»Und dort, wo ihr sagt, ›dieser Spruch spricht mich an oder passt zu mir persönlich, zu meinem Leben, zu meinem Denken‹, da bleibt ihr stehen und setzt eure Kerze auf den Rand des Grabes.«

Auch ohne diese Aufgabe wäre es bereits ein gelungener Einstieg ins Thema. Ein Novemberabend auf dem Friedhof! Da wird ein Stück weit das Kind im Manne wieder wach, das sich schon im dunklen Keller so sehr gruselte, als handele es sich um einen mitternächtlichen Friedhof. Jedenfalls im Schmidt-Max-Manne. Holger dagegen wirkt relativ unbeeindruckt und hat auch bald seinen Spruch gefunden: »Einer trage des anderen Last, so werdet ihr das Gesetz Christi erfüllen.« Dem Schmidt Max fällt die Entscheidung schwer; er könnte eigentlich ein ganzes Dutzend Grablichter an verschiedenen Stellen platzieren. Vielleicht: »Fürchte dich nicht, denn ich habe dich erlöst; ich habe dich bei deinem Namen gerufen; du bist mein!« – oder spräche daraus zu sehr die Kinderseele, die sich mit einem leichten Schauer auf dem novembrigen Friedhof herumtreibt? Der Schmidt Max beschließt insgeheim, den Friedhof im weiteren Verlauf des Wochenendes noch einmal aufzusuchen.

Der zweite Tag spricht zunächst mehr die nüchterne, faktenzählende Männerseele als die Kinderseele an. Die Gruppe sucht die *Sargfabrik Wendel & Co.* in Dinkelsbühl auf, die zweitgrößte Deutschlands. Alexander Wendel, Sohn des Inhabers, führt sie durch den Betrieb. Hier verarbeiten rund fünfzig Mitarbeiter diverse Hölzer – Fichte, Tanne, Kiefer, Pappel, Lärche – zu 20 000 Särgen jährlich. Benötigt werden in Deutschland insgesamt 840 000 – die Bestatterfaustregel besagt, dass Jahr für Jahr ein Prozent der Bevölkerung zur Kundschaft wird. 120 000 Särge werden in Deutschland hergestellt, der Rest kommt vorwiegend aus Polen, Tschechien und Bulgarien.

Als der Schmidt Max am Vorabend über den Friedhof ging, hat sich der Tod für ihn ganz anders angefühlt als jetzt. Er hat sich Grabkreuz für Grabkreuz angesehen und versucht, sich zu jedem Namen den Tod vorzustellen – auf welche Weise mag er gekommen sein? Allein der Name, die angegebene Lebensspanne, das angegebene Sterbedatum hat seine Gedanken in bestimmte Richtungen gelenkt – die Greisin hier

So viel zu bedenken: Nachlassverwaltung, Patientenverfügung, Regelung des Erbes – und ob man da vielleicht ein Fenster …?

könnte sanft entschlafen sein, der Jüngling dort im Krieg gefallen. Jeder Mensch hatte seinen eigenen Abgang.

Aber hier, in der Sargfabrik? Hier zeigt sich der Tod in Zahlenwerten, statistischen Angaben, verbreitet Säge- und Hobelgeräusche und riecht nach Holz und Leim anstatt nach Erde. Falls er hier überhaupt anwesend ist. Ebenso gut könnten hier auch Möbel hergestellt werden, was in gewissem Sinne ja auch der Fall ist, denn ein Sarg, so klärt Alexander Wendel auf, werde auch »Erdmöbel« genannt.

Übrigens trügt der Anschein, dass hier ausschließlich standardisierte Massenware hergestellt wird. Zwar gebe es ein Einheitsmaß von zwei Metern Sarglänge, aber man müsse sich gegebenenfalls den Körpermaßen des Verstorbenen anpassen, ebenso den Besonderheiten des Friedhofs.

»Für Oberbayern zum Beispiel, Schmidt Max, müssen wir oft auf einen Meter fünfundachtzig runtergehen. Das liegt daran, dass dort viele Friedhöfe in Berglage sind. Da hat man irgendwann einmal die Gruben aus dem harten Boden herausgescharrt und mit Erde befüllt. Und weil die Leute früher kleiner waren, sind auch die Gräber kleiner.«

»Des hoaßt, da muaß i dann die Knia a bißl ooziang?«

»Genau. Beine anwinkeln, circa dreißig Grad, dann passt du da locker rein.«

Nach der Führung macht sich die Herrengruppe unter der handwerklichen Leitung von Herrn Wendel und mit dem seelsorgerischen Beistand von Pfarrer Kusch an die Arbeit. Deren Ziel ist allerdings nicht, am Ende einen Sarg zu haben, den man sich schon einmal vorsorglich mit nach Hause nimmt; Hauptzweck ist, beim Werkeln am Todesmöbel über die Themen ins Gespräch zu kommen, um die man im Alltag gern einen Bogen macht: Patientenverfügung. Nachlassverwaltung. Trauerbewältigung. Kleine Scherze über Sargnägel sind natürlich nicht ausgeschlossen. Ebenso wenig auch, den Schreinermeister Wendel näher kennenzulernen, der auf den Schreiner nicht nur ein Studium der Holzwirtschaft aufgesattelt hat, sondern auch im familieneigenen Bestattungsinstitut eine Ausbildung bis zum Bestattermeister absolviert und danach noch in Barcelona Bestattungsdienstleistungen studiert hat, sodass er sich außer Schreinermeister, Holzfachwirt und Bestatter auch *Master of Funeral Service* nennen darf.

Schließlich ist es so weit: Die Männer wuchten den Deckel auf den Sarg – Hochzeit. Und während der Schmidt Max eher erstaunt konstatiert, dass man nach ein bissl Basteln mit Holz, ehe man sich's versieht, vor einem leibhaftigen Sarg steht, zeigt sich, dass den 76-jährigen Senior der Gruppe der Tanz auf dieser speziellen Hochzeit ziemlich mitgenommen hat. Hilft nichts, dass die Jüngeren ihm versichern, dass sie schon morgen von einem Auto über den Haufen gefahren werden könnten; er bleibt dabei, dass er altersmäßig dem Tod am nächsten ist und bei der Arbeit mehr an diesen Umstand erinnert wurde, als ihm lieb war.

Der dritte Tag gehört dem Festhalten der Gedanken in Bild und Wort. Zwar gibt Pfarrer Kusch Anregungen mit Sprüchen und Symbolen, einem Anker etwa, den man als Halt braucht, um durch die Stürme des Lebens zu kommen, aber sie sollen nur Anstoß sein, zu eigenen Bildern zu finden, mit denen jeder eine Stele gestalten soll, die als Muster für seinen Grabstein dienen könnte.

Holger scheut sich nicht, seinen Namen mitsamt Geburtsdatum darauf zu schreiben. »Damit mach ich mir bewusst: Das hat irgendwann

Die Beerdigungstipps vom sterblichen Schmidt

Man muss Verstorbene nicht gleich weggeben, erlaubt ist, sie – wie früher – zu Hause aufzubahren (für max. 96 Stunden), damit alle Hinterbliebenen in Ruhe Abschied nehmen können.

Es kann für Hinterbliebene heilsam sein, Verstorbene noch ein letztes Mal zu waschen und anzuziehen, wobei durchaus die Hilfe des Bestatters in Anspruch genommen werden darf.

Lassen Sie sich, wenn möglich, nicht alles vom Bestatter aus der Hand nehmen; das könnte Sie emotional entfernen (und Sie am Ende nur Geld kosten). Wenn Sie sich zum Beispiel im Familienkreis zusammensetzen, kommt sicher eine persönlichere Traueranzeige zustande als ein schlauer Spruch aus dem Katalog. Für selbst gespielte Musik am Grab gilt übrigens dasselbe.

Der Leichenschmaus ist ein ganz alter Brauch – sehr wichtig für alle Angehörigen. Es sollte etwas Einfaches und Sättigendes geben und nichts Ausgefallenes. Alle Trauergäste sollten zumindest eingeladen sein, denn beim gemeinsamen Essen und Trinken kann die Erinnerung ans Vergangene eine gewisse Leichtigkeit bekommen.

Ja, es darf gelacht werden.

Die Sarggröße hängt nicht nur von der Körpergröße ab, sondern ist auch friedhofsspezifisch, eventuell muss man die Beine etwas anwinkeln (lassen)

ein Ende. Aber wenn ich das im Blick habe, fang ich noch mal ganz anders an, mein Leben aufzubauen.» Sein Motto dazu: »Alles ist möglich dem, der glaubt.«

Der Schmidt Max geht noch eine Weile in sich. Greift dann zur Farbe, oder besser, zu ganz vielen Farben und gestaltet seine Stele mit – Luftballons.

»Und warum Luftballons?«

»Weil ich finde, dass das Leben bunt sein sollte. Der Tod ist ja schwarz genug. Es sollte eine gewisse Leichtigkeit haben, und man sollte auch den Mut haben, Dinge loszulassen, wenn es darauf ankommt. Sie fliegen lassen. Und auch mal schauen, wo einen der Wind des Lebens hintreibt.«

Damit nimmt der Schmidt Max fast schon die Kehrtwende ins Leben vorweg, die Pfarrer Kusch zum Abschluss des Seminars vollziehen will.

»Ich möchte mit euch heute einen Versuch machen. Jeder schreibt einen Brief an sich selber und nimmt das nächste Jahr in den Blick. Überlegt euch: Was würde ich gern verwirklichen? Ihr gebt mir eure Briefe, und ich schick sie euch in einem Jahr zurück.«

Was der Schmidt Max in seinen Brief schreibt, bleibt geheim. Als er ihn dem Pfarrer übergibt, versucht er, ihn möglichst schnell wieder zu vergessen, damit ihn die eigene Botschaft nach Jahresfrist auch wirklich überrascht.

Eine Idee indes, die ihm beim Schreiben kam, will er in sich aufbewahren. Und auch umsetzen, falls ihn der Mut dazu nicht verlässt. Nämlich: Warum schreibt man nicht seinen Angehörigen und Freunden einen letzten Brief? Einen Brief, der als letzter persönlicher Gruß bei der Beerdigung verlesen wird? Er kennt doch seine Liebsten und sich selbst viel besser als ein noch so professioneller Trauerredner. Mit so einem Brief würde sich jeder noch einmal von ihm angesprochen fühlen, und der Abschiedsschmerz wäre vielleicht nicht gar so schlimm.

Abgesehen davon hat er sich aus den vielen Gesprächen des Wochenendes noch einige Tipps für eine persönlich gestaltete Beerdigung mitgenommen, die er noch zu seinen Lebzeiten an alle anderen Sterblichen weitergeben möchte. Hier und jetzt, in diesem Buch (siehe Seite 253)! Morgen könnte es schon zu spät sein. ◇

Ewig Leben, evang. Männerarbeit Bayern
⏽ www.maennerarbeit-bayern.de

Sargfabrik Hans Wendel & Co. GmbH
⏽ www.wendel-sargfabrik.de

Gasthaus Dollinger
⏽ www.gasthaus-dollinger.de

Lizenziert durch BRmedia Service GmbH

Impressum

Bei der Realisierung dieses Buches ließen wir größtmögliche Sorgfalt walten. Falls dennoch Informationen falsch oder inzwischen überholt sein sollten, bedauern wir dies, können aber auf keinen Fall eine Haftung übernehmen. Korrekturvorschläge und Anmerkungen an: info@arsvivendiverlag.de

1. Auflage April 2021
© 2021 by ars vivendi verlag GmbH & Co. KG
Bauhof 1, 90556 Cadolzburg
Alle Rechte vorbehalten
www.arsvivendi.com

Gestaltung: Annalena Weber – Buchdesign
Texte: Elmar Tannert
Redaktion TV: Frank Meißner u. Herbert Stiglmaier
Redaktion Buch: ars vivendi
Bilder (Umschlag und innen): © André Goerschel
Illustrationen: Frank Duffek, Christoph Gremmer, Kim Rosendahl, Harald Vorbrugg, Martin Weckerle
Druck: Pustet, Regensburg

Printed in Germany
ISBN 978-3-7472-0203-6